GESTÃO
ESTRATÉGICA
para instituições de
ensino superior privadas

GESTÃO ESTRATÉGICA
para instituições de ensino superior privadas

Luís Eduardo Machado

ISBN — 978-85-225-0669-9
Copyright © Luís Eduardo Machado

Direitos desta edição reservados à
EDITORA FGV
Rua Jornalista Orlando Dantas, 37
22231-010 — Rio de Janeiro, RJ — Brasil
Tels.: 0800-021-7777 — 21-3799-4427
Fax: 21-3799-4430
e-mail: editora@fgv.br — pedidoseditora@fgv.br
web site: www.editora.fgv.br

Impresso no Brasil / Printed in Brazil

Todos os direitos reservados. A reprodução não autorizada desta publicação, no todo ou em parte, constitui violação do copyright (Lei nº 9.610/98).

Os conceitos emitidos neste livro são de inteira responsabilidade do autor.

1ª edição — 2008, 1ª reimpressão — 2013

Preparação de originais: Mariflor Rocha

Editoração eletrônica: FA Editoração

Revisão: Mauro Pinto de Faria e Sandra Frank

Capa: Álvaro Magalhães

Ficha Catalográfica elaborada pela
Biblioteca Mario Henrique Simonsen — FGV

Machado, Luís Eduardo
    Gestão estratégica para instituições de ensino superior privadas / Luís Eduardo Machado. — Rio de Janeiro : Editora FGV, 2008.
    96 p.

    1. Universidades e faculdades. 2. Planejamento estratégico. 3.Concorrência. I. Fundação Getulio Vargas. II. Título.

CDD — 378.1

"Daqui a trinta anos os grandes *campi* universitários serão relíquias. As universidades não vão sobreviver. Trata-se de uma mudança tão importante quanto a introdução do livro impresso."

Peter Drucker

Agradecimentos

*Ao único que é digno de toda exaltação e adoração:
o Senhor Jesus Cristo, razão primeira da minha vida.
E a todas as pessoas que Ele dispôs para me ajudar
na jornada, em especial aos meus dois amores:
Viviane e Ana Beatriz.*

Um agradecimento especial ao professor Samuel Alves Soares, pelas preciosas contribuições.

Sumário

Introdução   11
1. A gestão amadora nas Iesps   15
2. A necessidade de um modelo de planejamento estratégico   17
3. A nova estrutura organizacional universitária   19
4. O modelo de planejamento estratégico   25
   A declaração de missão   25
   A declaração de visão   28
   A declaração dos valores   29
   Cenários estratégicos   31
   Análise Swot   37
   Plano corporativo   44
   Planos táticos   58
   Planos operacionais   85
5. Os desafios   89
   Desafio da participação efetiva dos mantenedores   89
   Desafio do comprometimento dos funcionários e docentes   89
   Desafio da comunicação   90
   Desafio da flexibilidade   90
   Desafio do controle   91
   Desafio da visão financeira gananciosa   92

Bibliografia   95

Introdução

Muitos são os desafios que assolam as organizações humanas no início deste novo milênio. A globalização econômica, a escassez de recursos naturais, o aumento da competitividade e a piora nas relações humanas no ambiente de trabalho são alguns dos exemplos das questões enfrentadas.

Na área empresarial a situação torna-se ainda mais complicada devido à voracidade financeira dos acionistas e ao aumento da complexidade nas relações de compra com os consumidores.

De forma geral as empresas têm, há algum tempo, tentado criar alternativas para a sobrevivência e crescimento. São muitos os modelos organizacionais dispostos no mercado e também são muitas as empresas que aderem a algum modelo específico de gestão, visando ser mais responsiva às mudanças ambientais.

Porém, alguns setores empresariais permanecem estáticos mesmo diante do caos reinante. São setores que não têm tradição nem histórico de uso de modernas práticas gerenciais, nem mesmo gestores com conhecimento técnico em administração.

Este livro destaca o setor das instituições de ensino superior privadas do Brasil (faculdades, centros universitários ou universidades). Segundo o Inep/MEC (2007), das 2.270 instituições de ensino superior, 2.022, ou seja, 89% são privadas.

Segundo Schwartzman e Schwartzman (2002:4):

> Só recentemente, no entanto, o ensino superior privado vem recebendo dos analistas a atenção correspondente à sua importância. Uma explicação para isto é o fato de que, em diversos aspectos, o ensino privado discrepa do que normalmente se considera como o modelo ideal das instituições de ensino. Nesse modelo ideal, o ensino superior se organizaria em universidades, en-

quanto no ensino privado predominam as instituições isoladas e outras instituições não-universitárias; as universidades deveriam ter um forte componente de pesquisa, que quase não existe no setor privado; as universidades dão ênfase às áreas técnicas e científicas e às profissões clássicas, enquanto o setor privado se concentra nas profissões sociais; nas universidades, os professores participam das decisões acadêmicas em um complexo sistema de colegiados, enquanto o poder nas instituições privadas é centralizado. Mais amplamente, a atividade cultural e intelectual costuma ser percebida como de natureza altruística, oposta à busca do lucro, enquanto o ensino privado, ainda que muitas vezes organizado em instituições não-lucrativas, tem quase sempre um claro componente comercial.

A despeito do quadro de ampliação do faturamento, as instituições de ensino superior privadas (Iesps), vivem um momento de crise. São diversos os problemas. Desde dificuldades financeiras até problemas de posicionamento mercadológico. Muitos são os desafios.

Este livro discute os problemas das Iesps, com foco na gestão estratégica e na competitividade. Propõe um modelo de gestão de Iesps baseado na confecção de um planejamento estratégico e no uso de ferramentas de análise de competitividade.

O modelo proposto é inédito no seu conjunto e tem a sua construção baseada na moderna técnica da gestão estratégica empresarial vigente. Difere o modelo de outros já difundidos por duas razões singulares: o modelo está formatado para organizações educacionais privadas que visam superávit financeiro (todas) e está formatado na análise e desenvolvimento do negócio educacional em mercados competitivos. Alguns autores já escreveram sobre instituições de ensino públicas e outros sobre as organizações de ensino privadas, porém discutindo o prisma social, político, sociológico etc. Este livro trata de competitividade e não é excludente nem contraditório às outras discussões sobre outros papéis das Iesps. Trata-se apenas de um outro prisma de análise.

Destacam Porto e Régnier (2003:7):

> (...) a educação superior e profissional em particular, deixou de ser sinônimo de um conjunto de instituições — agindo de forma mais ou menos coordenada

ou estável — para se tornar um setor em expansão: uma "área de negócios', como preferem alguns, atraindo recursos, gerando oportunidades, ampliando e diversificando seus "produtos" e "serviços", preocupando-se com seus clientes e suas necessidades diferenciadas e investindo em marketing, em "marcas", em qualidade.

O desafio deste livro é propor um modelo de gestão estratégica para Iesps, que seja simples, prático e útil para que as empresas de ensino possam enfrentar os desafios da concorrência crescente num mundo muito veloz. O modelo pode ser aplicado tanto a pequenas como a grandes Iesps.

Trata-se de uma proposição inicial com a pretensão de despertar as Iesps para a necessidade de uma gestão mais técnica e profissional. Com o decorrer do tempo é possível que cada instituição desenvolva um modelo próprio de gestão estratégica. Mas, para começar, é oferecido o modelo deste livro.

Capítulo 1

A gestão amadora nas Iesps

De forma geral, muitos são os problemas nas Iesps nos nossos dias. Entre eles destacam-se: dificuldades financeiras; falta de posicionamento mercadológico; dificuldade em ocupar todas as vagas oferecidas pelo vestibular; falta de relacionamento com os alunos e fidelização deles; falta de medição de desempenho com critérios mais objetivos; falta de perspectivas claras de futuro; distância do mercado empregador; distância da comunidade em que está inserida; falta de pesquisa relevante; e insatisfação interna.

Tudo isso (e todo o resto) está diretamente relacionado a dois problemas centrais: falta de um modelo de gestão definido e de gestores competentes.

O argumento central deste livro é: gestão é técnica, tem metodologia própria. Gestão não é somente bom senso nem experiência; gestão se aprende, se estuda e se sistematiza!

O que acontece com a maioria das Iesps é que elas são dirigidas por pessoas que não conhecem a boa técnica da gestão (administração). Essas pessoas são ótimos pedagogos, médicos, advogados; mas muitos deles não são realmente gestores profissionais, isto é, não conhecem as técnicas modernas da gestão. Eles têm boa vontade, mas falta o conhecimento técnico.

Como as Iesps estão, em geral, em mercados cada vez mais competitivos e difíceis, somente as capacitadas sobrevivem e crescem, como tem acontecido em outros setores.

O amadorismo impera na gestão das Iesps brasileiras. Acha-se que a discussão é somente pedagógica, até o momento em que falta dinheiro no caixa e o futuro fica comprometido. Nesse momento é preciso lembrar que, sob a ótica do mercado, as Iesps são como outras empresas quaisquer. Ou elas se modernizam ou quebram! Deve-se ter consciência do aspecto social e filosófico das Iesps, mas esse "lado" não as isenta de melhor capacitação gerencial.

Ressalte-se que o desafio não é necessariamente o de trocar de gestores e sim de qualificar (com técnicas) os que já estão inseridos nestas organizações. Não se trata de qual é a formação de origem do dirigente universitário e sim do quanto ele conhece na área da gestão.

Segundo Meyer Jr., Mangolim e Sermann (2004:2):

> Uma das funções mais negligenciadas nas instituições de ensino superior é a sua gestão. Alguns elementos contribuem para a situação em que se encontra a gestão das instituições de ensino superior. O primeiro deles é o fato de se atribuir à função gerencial na escola uma dimensão essencialmente operacional e secundária. O segundo é a ausência de modelos próprios de gestão para a organização educacional (...) Finalmente, um terceiro elemento é o predomínio de uma prática amadora e professoral de gestão. As pessoas escolhidas para ocupar as posições de gestão não possuem preparação formal ou adequada experiência para assumir posições gerenciais.

Muitos outros setores já passaram pelo choque da concorrência e sobreviveram, agora chegou a vez das instituições de ensino. Ou elas aderem a um modelo de negócios mais contemporâneo e responsivo ou assistir-se-á nos próximos anos ao que nunca foi visto antes: Iesps sendo vendidas, fundidas e tendo suas portas fechadas.

Entre outros desafios que as Iesps enfrentam nos nossos dias, destaca-se o da necessidade de ter um planejamento estratégico estruturado e de uma melhor gestão da competitividade.

CAPÍTULO 2

A necessidade de um modelo de planejamento estratégico

Uma das formas mais indicadas para se rearrumar uma organização que esteja desorganizada ou que queira ser melhor estruturada é a confecção de um planejamento estratégico. Sobre a importância da estratégia para as Iesps, Braga e Monteiro (2005:11) consideram que:

> Ainda não existe, na grande maioria das instituições de ensino privado no Brasil, uma conscientização quanto à importância das questões estratégicas. São três as justificativas para esse fato. Primeiro, a competitividade acirrada no setor de ensino privado é relativamente recente, quando comparada a outros setores da economia. Segundo, a mentalidade de mantenedores e dirigentes ainda é pouco afeita aos avanços da "ciência da gestão", uma vez que, diferentemente de outros setores da economia, boa parcela dos dirigentes educacionais não teve formação em gestão e nem a prática mercadológica que seus cargos a exige. Terceiro, as tarefas rotineiras e operacionais do dia-a-dia de uma instituição de ensino costumam ser tão envolventes que os gestores educacionais ocupam quase todo o seu tempo "apagando incêndios" ou cumprindo rituais burocráticos, restando pouquíssimo tempo para planejar o futuro da empresa.

O planejamento estratégico englobará necessariamente todas as áreas da Iesp, sob a ótica da competitividade e da excelência no desempenho.

Há muitos modelos de planejamento estratégico (PE) para as empresas comerciais, mas poucos modelos específicos para as Iesps.

Não são muitos os modelos de PE que podem fornecer um esquema para o desenvolvimento de Iesps, se comparados com os modelos existentes para as organizações lucrativas. As principais referências para universidades são encontradas em Kaufman, Herman e Watters (1996); Rowley, Lujan e Dolence (1997); Dolence, Rowley e Lujan (1997); Hunt et al. (1997); Allison & Kaye (1997); Peterson, Dill, Mets e associates (1997); Knight (1997); Nutt e Backoff (1995); e Migliore e colaboradores (1995), entre outros.

Este livro propõe um modelo mais focado na competitividade e mais gerencial, diferente dos existentes no Brasil.

Ressalta-se o desafio de que cada Iesp venha a desenvolver um modelo próprio às suas características. Por enquanto, e para começar, são feitas as proposições a seguir na expectativa de que elas sejam úteis à prática gerencial.

Já é possível identificar uma tendência na gestão das Iesps, como destaca Keller *apud* Estrada (2000:6):

> O tipo de administração que o ensino superior necessita não existe ainda. Porém, ele está sendo criado, passo a passo, por uma nova geração de diretores, pró-reitores e reitores, com base nos mais válidos elementos da administração empresarial, na mais moderna administração de serviço e nas últimas contribuições dos estudos das organizações, da psicologia, da pesquisa em administração e em campos semelhantes.

CAPÍTULO 3

A nova estrutura organizacional universitária

Antes do PE, as instituições precisam fazer uma reestruturação interna.

Nos últimos anos as Iesps têm adotado formas muito diversas de organização interna. É visível que a maioria delas caminhou para o agrupamento de cursos sob a gestão de uma "diretoria de área". Houve ajuntamento visando o corte de custos. Porém, esse grupo de cursos sob a mesma batuta e modelo gerencial único prejudicou as instituições, pois elas já não podiam mais gerenciar cada "área de aplicação" com a devida especificidade.

Propõe-se uma nova estruturação interna para que haja condições de medições mais precisas e individuais e para que possa haver gestão dirigida (focada).

Cada "área de aplicação" (termo usado por Peter Drucker) deve ser considerada uma escola e ser uma unidade de negócios (centro de lucro). Todas as medições de desempenho e competitividade deverão ser realizadas para cada centro de lucro (escola). Assim, uma universidade, em vez de ter um Centro de Ciências Humanas e Sociais Aplicadas englobando, por exemplo: administração, letras, ciências sociais e pedagogia, teria uma Escola de Administração, uma Escola de Letras, uma Escola de Ciências Sociais etc. Trata-se da divisão por "área de aplicação" e não por curso oferecido. A divisão por "área de aplicação" tem foco no mercado. Não se trata de uma Escola de Administração de Marketing e outra de Administração de Recursos Humanos e sim de uma única "área de aplicação" de administração.

A divisão por "áreas de aplicação" estrutura a instituição de ensino sob a ótica do mercado contratante e proporciona medições mais precisas.

Nas instituições de ensino maiores podem-se ter dois gestores para cada escola: um coordenador acadêmico e um gestor de mercado. Nas instituições menores o gestor de cada escola poderá desempenhar o papel de coordenador acadêmico e gestor de mercado.

Há uma distinção necessária entre as duas formas de atuação. A coordenação acadêmica deve cuidar das relações com o MEC e das discussões acadêmicas (ementas, programas, relações acadêmicas com os alunos e professores). A gestão de mercado deve cuidar das relações com o mercado, das visitas aos empregadores, da "venda" do curso (que esse termo não cause surpresa, pois é isso mesmo que as Iesps fazem — ou deveriam fazer), dos investimentos em infra-estrutura etc.

Muito importante destacar que a idéia central é que cada escola seja uma unidade de negócios com gerenciamento, orçamento e gestão próprios (sob diretrizes corporativas).

Todas as outras áreas e serviços internos dentro da Iesp devem ser considerados como serviços de apoio às escolas.

Um dos graves problemas que ocorre nas Iesp nos nossos dias é que os setores que deveriam ser de apoio (ser "meio") são tratados como "fim". Nessas instituições, os cursos ficam reféns de setores como a secretaria geral, a tecnologia da informação e o setor financeiro. Na concepção moderna (de mercado), todos esses setores e todos os outros deveriam servir às escolas e ajudá-las a cumprir o seu objetivo final que é de servir bem aos alunos e à sociedade.

A figura 1 traz um organograma proposto para as Iesps.

A reitoria seria composta pelo reitor, pelas pró-reitorias e pelos conselhos acadêmicos universitários (que forem necessários pela legislação vigente).

Cada área de apoio teria um gestor e as suas subdivisões necessárias (por exemplo, contas a pagar, contas a receber etc. dentro do financeiro).

Cada escola teria um gestor de mercado e um coordenador acadêmico.

Trata-se de uma estrutura enxuta e mais fácil de gerenciar. A estruturação interna é condição *sine qua non* para uma gestão mais moderna. É muito comum encontrar Iesps com estruturas confusas e distantes das demandas do mercado.

A Nova Estrutura Organizacional Universitária

Figura 1

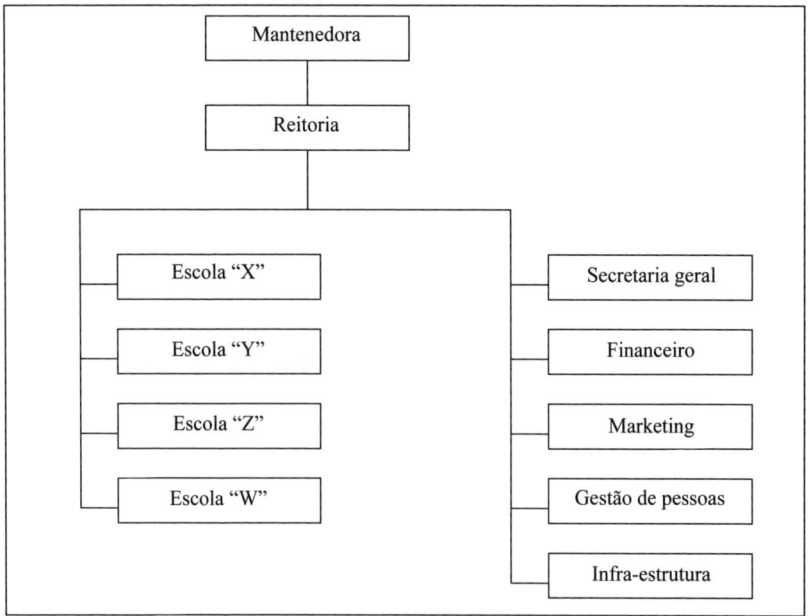

Ressalta-se a necessidade de compreender que a área de marketing deve apoiar os gestores das escolas no relacionamento com o mercado. Muito comum nas Iesps é a inexistência de uma área de marketing eficaz. No máximo tem-se uma produtora de cartazes e *outdoors* que trabalha pesado somente na época do vestibular.

Kotler e Fox (1998:26) afirmam que:

> Os administradores universitários podem ser divididos em três grupos. O primeiro grupo está fazendo pouco ou nada. Acredita que não enfrenta problemas de matrículas e, se isso vem ocorrendo, trata-se de algo temporário ou facilmente reversível. Muitos crêem que métodos de marketing seriam "não-profissionais" e alguns acham que marketing baixaria o nível e a qualidade da educação universitária.
>
> Um segundo grupo de administradores tem respondido com aumento do orçamento destinado ao serviço de admissão, o "departamento de vendas" da faculdade.

O terceiro grupo de administradores trabalha em um pequeno, mas crescente número de faculdades que tem adotado um genuíno trabalho de marketing. Essas instituições analisam seus ambientes, mercados, concorrentes, avaliam suas forças e fraquezas e desenvolvem um sentido claro de missão, mercado-alvo e posicionamento de mercado.

Aqui, para cada um dos itens propostos, haverá a demonstração da aplicação prática dos conceitos, por meio do exemplo de um planejamento numa Iesp (fictícia).

A estrutura da Uniplanexex

A Uniplanexex é um centro universitário localizado na cidade de Campinas (SP), há mais de 30 anos. A sua mantenedora é a Ansoff Empreendimentos, gerenciada pelo sr. Igor Ansoff da Silva (dono da mantenedora). Outros membros da família participam do negócio.

Trata-se de uma instituição com 7 mil alunos divididos entre os seguintes cursos: administração, ciências contábeis, direito, pedagogia, farmácia, odontologia, fisioterapia, hotelaria e turismo.

A Uniplanexex está passando por momentos difíceis. Tudo pode ser resumido na falta de recursos financeiros e na dificuldade para preencher as vagas dos cursos de graduação. O gerenciamento é precário, os custos são calculados sem nenhuma precisão metodológica, não existe um trabalho efetivo de marketing e alguns alunos estão ficando insatisfeitos. O sr. Silva é o reitor da universidade. Ele é bem intencionado, mas muito carente de conhecimento técnico na área da gestão.

Para piorar, a concorrência vem aumentando, principalmente de pequenas faculdades com custos e preços muito menores. A Uniplanex cobra mais caro, mas alguns alunos não vêem diferencial suficiente para tanto. Cada dia que passa mais e mais deles estão preferindo ir para as pequenas faculdades ou para outras universidades que adotaram uma política de preços mais agressiva.

Diante da situação de risco, meio contra a vontade, por necessidade, o sr. Silva resolveu contratar um consultor para ajudar a reestruturar a Uniplanex, com um novo modelo de negócios. Houve a contratação do sr. Michel Porter de Oliveira.

Logo que chegou o sr. Oliveira (consultor) fez um diagnóstico preliminar da situação e constatou que:

- ❑ os gestores eram antigos de casa, mas deficientes tecnicamente;
- ❑ não havia nenhum tipo de medição do desempenho;

Continua

- havia um planejamento estratégico feito há uns cinco anos, mas que nunca saíra da estante do reitor;
- a direção achava que fazia um bom trabalho de administração, mas a situação financeira e mercadológica da universidade negava isso;
- a direção insistia que a universidade era muito conhecida e tinha marca forte;
- a estrutura administrativa era lenta, burocrática e voltada para seus próprios interesses (não para os interesses do aluno);
- a secretaria era desorganizada, não havia segurança nas informações;
- havia um software de gerenciamento que era subutilizado;
- as pessoas, apesar de um pouco desanimadas, tinham um forte vínculo com a instituição;
- os cursos tinham um bom corpo docente;
- a estrutura física do campus era nova e bem conservada;
- os coordenadores de cursos tinham ótima formação nas suas áreas técnicas, mas reduzido conhecimento gerencial;
- havia dívidas com bancos;
- havia alta inadimplência;
- a comunicação interna era precária (quase se resumindo à emissão de portarias e ofícios).

A situação era realmente complicada. A primeira ação do consultor foi formar um comitê de planejamento estratégico, formado por todos os gestores da instituição. Depois os submeteu a um curso sobre planejamento e gerenciamento moderno.

Na seqüência o sr. Oliveira propôs ao comitê uma nova estruturação interna para a Uniplanex:

- mantenedora composta pelos membros da família que tinham a posse do empreendimento;
- reitoria composta pelo reitor e por dois pró-reitores: um pró-reitor acadêmico e um pró-reitor administrativo;
- cinco áreas de apoio com um gestor para cada uma: secretaria geral, financeira, marketing, gestão de pessoas e infra-estrutura. Cada um desses setores ganhou um novo escopo de atuação e as suas subdivisões refletiam isso;
- cada "área de aplicação" se transformou em uma escola: Escola de Administração, Escola de Ciências Contábeis, Escola de Direito, Escola de Peda-

Continua

gogia, Escola de Farmácia, Escola de Odontologia, Escola de Fisioterapia, Escola de Hotelaria e Escola de Turismo. Para cada escola havia um coordenador acadêmico que também desempenhava a função de gestor de mercado (devido à escassez de recursos financeiros). Todos os coordenadores de cursos foram exaustivamente treinados nas técnicas de gestão para que pudessem ser também gestores de mercado;

- definição dos conselhos acadêmicos conforme legislação vigente;
- redefinição do regimento geral da instituição.

Nesse processo de reestruturação algumas pessoas demonstraram grande resistência e hostilidade. Depois de várias tentativas de convencimento, o comitê decidiu pela substituição de pessoas que ocupavam cargos-chave e que não aderiram ao novo formato de negócios.

CAPÍTULO 4

O modelo de planejamento estratégico

A figura 2 apresenta o esquema do modelo de planejamento estratégico proposto às Iesps.

Figura 2

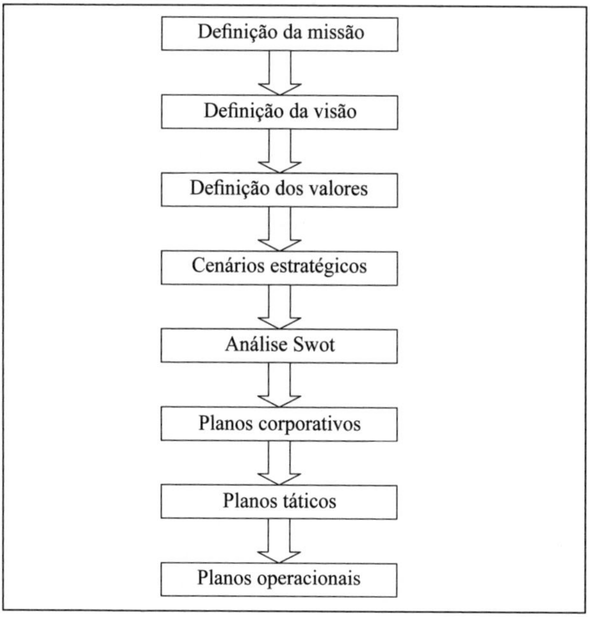

```
Definição da missão
        ↓
Definição da visão
        ↓
Definição dos valores
        ↓
Cenários estratégicos
        ↓
Análise Swot
        ↓
Planos corporativos
        ↓
Planos táticos
        ↓
Planos operacionais
```

A declaração de missão

Como o próprio nome designa, trata-se de uma declaração composta de um parágrafo (geralmente curto) que versa sobre as seguintes questões:

- Por que a Iesp existe?
- Qual a razão de ser da organização?

A declaração de missão é uma excelente oportunidade para a Iesp deixar claro quais são as razões da sua fundação e os motivos da sua existência. A idéia é que toda a comunidade (*stakeholders*) possa ter clareza quanto aos "motivos" da organização. A missão tem um caráter inspirador e motivacional. Segundo Fernandes e Berton (2005:146):

> Uma missão bem definida comporta vantagens que ajudam todos a compreenderem o que fazem na organização e a uniformizar os esforços de todos no que é fundamental para a empresa.

Alguns exemplos de missões de Iesps (considerando faculdades pequenas, centros universitários e universidades):

> Estimular e atender a demanda social de formação profissional em nível superior na sua região de abrangência, desenvolver a pesquisa institucionalizada voltada à problematização do meio, socializar o conhecimento e servir à comunidade através de outras atividades de natureza extensionista, atuando como agente de inserção, ascensão e desenvolvimento socioeconômico voltado ao bem-estar individual e coletivo.
>
> Faculdade de Atibaia (SP)

> Produzir e difundir o conhecimento, libertar o ser humano pelo diálogo entre a ciência e a fé e promover fraternidade e solidariedade, mediante a prática do bem e conseqüente construção da paz.
>
> Unifae (PR)

> Produzir conhecimento em todas as suas formas e torná-lo acessível à sociedade, contribuindo principalmente para o desenvolvimento integrado da região.
>
> Universidade de Caxias do Sul (RS)

> Atuar solidária e efetivamente para o desenvolvimento integral da pessoa humana e da sociedade, por meio da geração e comunhão do saber, comprometida com a qualidade e os valores éticos e cristãos, na busca da verdade.
>
> Universidade Católica de Brasília (DF)

Gerar e disseminar o conhecimento para formar profissionais socialmente responsáveis, empreendedores e transformadores da realidade contemporânea.

Universidade de Mogi das Cruzes (SP)

Formar cidadãos e profissionais que saibam pensar, comprometidos com o desenvolvimento, a justiça social, a democracia e a cidadania.

Centro Universitário Santanna (SP)

Transformar vidas para o benefício da sociedade através dos principais valores do aprendizado: descoberta, liberdade, liderança, oportunidade individual e responsabilidade.

Universidade do Texas (EUA)

Interessante notar que nenhuma declara o retorno para o acionista na sua missão, embora esse seja quase sempre o motivo primário da existência desse tipo de Iesps. Observa-se o fato de que o discurso bonito e politicamente correto tem tomado o lugar da declaração honesta e realmente norteadora, quando as instituições fazem a sua missão.

Não se trata de dizer que o motivo primeiro da existência de uma Iesp seja ganhar dinheiro; há outras coisas que precedem, permeiam e legitimam o lucro. Mas, quem vê o discurso bonito acha que o lucro não está importando (*sic!*). Observa-se ainda que muitas dessas Iesps privadas têm realmente donos (investidores). É mais honesto fazer uma missão declarando toda a verdade acerca da razão da existência da organização.

Outra coisa é a necessidade de criar mecanismos de atuação e medição dos parâmetros declarados na missão. Se a Iesp diz que quer formar "empreendedores", o que faz efetivamente para cumprir esse propósito? Como mede o sucesso das suas ações nessa área?

Menos retórica e mais objetividade prática!

Segundo Braga e Monteiro (2005), os itens que mais aparecem nas declarações de missão das instituições de ensino brasileiras são: desenvolver o conhecimento, formar cidadãos, formar profissionais, contribuir para a melhoria da qualidade de vida, ter compromisso com a democracia e a cidadania, prestar serviços à comunidade, formar pessoas capazes de transformar a sociedade.

A declaração de visão

Outra declaração importante que também deve ser publicada e difundida é a declaração de visão. Nela, a organização procura responder às seguintes questões:

- O que queremos ser?
- Para onde estamos indo?

Trata-se de propor um norte para as pessoas envolvidas, um desafio institucional, um alvo corporativo.

Enquanto a missão declara a razão do nascimento, a declaração de visão trata dos alvos (desejos) futuros.

Barbosa et al. (1995:138) afirma que:

> O estabelecimento da visão de futuro, tanto no plano coletivo como no individual, constitui um dos mais poderosos fatores de motivação para a mudança porque, além de gerar um estímulo natural para se alcançar um fim proposto, esta visão sustenta a realização de grandes esforços para superar o estado em que se encontra a instituição.

Exemplos de declarações de visão (considerando pequenas faculdades, centros universitários e universidades):

> Ser uma instituição de ensino superior reconhecida por sua excelência acadêmica e reconhecida por formar profissionais competentes que pautem a sua conduta pela ética e pela responsabilidade social.
>
> Faculdade São Luiz (SP)

> Ser reconhecida, nacional e internacionalmente, como uma instituição de excelência em *business*, que se diferencia pela formação humanista dada aos seus alunos.
>
> Unifae (PR)

> Ser uma instituição moderna, arrojada e inovadora, com modelos pedagógicos e administrativos diferenciados e capazes de desenvolver, nos alunos, sua competência para empreender e inovar em sua atuação profissional.
>
> Universidade Anhembi-Morumbi (SP)

Ser reconhecida e intensamente procurada pela excelência de sua participação no processo de desenvolvimento e transformação da sociedade, contribuindo para a formação global do cidadão, na sua realização pessoal e profissional.

Universidade de Santo Amaro (SP)

Até o ano de 2010, a PUC-PR será reconhecida pela abrangência e qualidade acadêmico-científica e pela relevância social da sua atuação.

PUC-PR

Considera-se que a visão pode ou não conter uma meta (algo mensurável numericamente). De qualquer forma, ela deve exceder as metas descritas no PE vigente. Trata-se do sonho maior, do "cume do monte". Quando alcançada, a visão pode mudar.

A declaração dos valores

A declaração dos valores geralmente é composta por alguns tópicos que a organização gostaria de ressaltar como sendo os comportamentos desejáveis às pessoas e instituições que se relacionam com ela.

Com valores claros e definidos a Iesp pode atrair pessoas que se coadunem com eles e expulsar pessoas que não os pratiquem. Os valores são pilares norteadores do comportamento dentro da empresa.

Exemplos das declarações de valores de duas universidades brasileiras:

Princípios orientadores:
— respeito à pessoa;
— busca de qualificação institucional;
— compromisso com a instituição;
— inovação;
— integração acadêmica;
— qualidade de vida;
— compromisso comunitário.

Universidade de Caxias do Sul (RS)

Valores:
— responsabilidade corporativa, compromisso social, transparência e ética;
— convívio universitário saudável, fraterno e coletivo;

- participação ativa do indivíduo no seu desenvolvimento e crescimento;
- respeito à diversidade, com estímulo ao pensamento crítico e ao relacionamento multicultural;
- aprendizado técnico e profissional, porém sem perder a visão humanista;
- trabalho participativo e em equipe.

Universidade Anhembi-Morumbi (SP)

A missão, a visão e os valores devem ser amplamente divulgados e explicados (em detalhes) a todos os *stakeholders*.

Missão, visão e valores da Uniplanex

Após um período de discussão que envolveu toda a comunidade acadêmica, o comitê de planejamento aprovou as seguintes definições para a Uniplanex:

Nossa missão
Existimos para oferecer ensino de qualidade para o desenvolvimento do país e para o aumento da empregabilidade das pessoas; para desenvolver os nossos colaboradores e nossa comunidade e para gerar retorno aos nossos investidores de forma responsável e sustentável.

Nossa visão
Queremos ser relacionados entre as três melhores opções de ensino em todos os nossos cursos, entre os oferecidos na região de Campinas.

Nossos valores:
- ética;
- transparência nas relações e decisões;
- respeito às pessoas;
- trabalho em equipe;
- melhoria contínua;
- inclusão social;
- inovação e arrojo.

A missão, a visão e os valores foram amplamente divulgados e explicados à comunidade acadêmica. Todos tinham plena consciência sobre essas coisas e da sua importância.
Com esse passos a Uniplanex já sinalizava a todos que seria uma nova instituição.

Cenários estratégicos

Algumas definições preliminares

Antes de começar o PE de fato, há a necessidade da definição da missão, da visão e dos valores. Depois dessas três definições preliminares, pode-se de fato começar a estruturar o PE para o período. Conceitualmente, pode-se definir o planejamento dentro de uma Iesp em três esferas e escopos.

- Planejamento corporativo: longo prazo; definições que abrangem a organização inteira; alto risco; decisões da alta cúpula (reitoria, mantenedora, comitê de planejamento etc.).
- Planejamento tático: médio prazo; definições que abrangem uma determinada área (escola, área de apoio); médio risco; decisões da média gerência (gestores das escolas e das áreas de apoio).
- Planejamento operacional: curto prazo; definições que abrangem uma determinada operação (tarefa, processo) dentro do setor (área); baixo risco; decisões da chefia imediata.

A Iesp precisa definir qual a abrangência em termos de tempo para o PE. Indica-se um PE para cinco anos, com revisões anuais. A cada ano haveria a revisão do PE e a projeção para mais um ano (sempre com "olhar" para cinco anos).

Se o PE for para cinco anos, então os planos táticos (de cada área e escola) poderão ser anuais. Os planos operacionais têm prazo menor que um ano, pois normalmente compreendem planos de ação.

Cenários de megatendências

Muitas são as abordagens quando o assunto é projeção, prospecção ou prescrição de cenários. Muitos são os métodos.

Há uma grande relevância em se começar um planejamento com uma projeção de cenários.

Afirma Rojo (2005:99):

> Em uma perspectiva organizacional ampla, cenários são possibilidades de acontecimentos futuros, que, se parametrizadas, podem ser simuladas.

A simulação de cenários é uma ferramenta cognitiva que busca descrever uma determinada situação sobre a maneira como o mundo ou uma situação específica poderá se transformar no futuro.

Este livro defende uma abordagem de cenários chamada de cenário de megatendências; trata-se de uma abordagem projetiva. Significa olhar o futuro do ambiente externo da Iesp e tentar enxergar e descrever as tendências. É uma "primeira olhada" para o ambiente externo da organização.

A idéia é que os gestores procurem "pistas" sobre tendências futuras que possam afetar a Iesp num determinado período. Se o PE for para cinco anos, quais serão as condições e mudanças ambientais externas nesse período? É preciso lembrar que quanto mais longo for o período, menos preciso vai ser o cenário.

Num cenário de megatendências, os gestores devem descrever, para o período estimado (com o máximo de detalhes possíveis), o que se segue.

- Quais as tendências econômicas? Comportamento dos juros, índices de desempenho do país, indicadores financeiros que afetem o setor da educação, fontes de financiamento, projeção de inflação etc.
- Quais são as tendências sociais/culturais? Fenômenos de opinião/moda; fatores demográficos, sociais e culturais; mudanças nos hábitos de consumo; mudanças nos hábitos de educação; mudanças na sociedade e família etc.
- Quais as tendências políticas e de legislação? Política educacional do governo, novas formas de regulamentação, fatores políticos, novas legislações etc.
- Quais as tendências tecnológicas? Novas tecnologias de ensino, impactos da internet, novos formatos de estruturas físicas etc.
- Quais as tendências da atuação da concorrência? Comportamento dos concorrentes.
- Quais as tendências do comportamento dos alunos? Comportamento dos alunos.
- Quais as tendências do mercado empregador? Comportamento das organizações que contratam os egressos.

A projeção de cenários deve ser apenas narrativa. A idéia é mapear as tendências que afetarão de alguma forma a Iesp. Não é ainda o momento de pensar sobre estratégias de ação frente a tudo isso.

Antes da exposição das tendências propostas no âmbito brasileiro, destacam-se algumas tendências mundiais na educação superior, com base em Peterson et al. (1997):

- quebra do monopólio geográfico, regional ou local, com o surgimento de novas forças competitivas;
- mudança do modelo organizacional do ensino superior, que passa de um sistema federado e frouxo de faculdades e universidades, servindo apenas às comunidades locais, para uma "indústria" do conhecimento, operando em um mercado global, altamente competitivo e cada vez mais desregulamentado;
- transformação das universidades amplas, fortes e verticalmente integradas em instituições mais especializadas e centradas no aluno (e não no professor);
- significativa reestruturação da educação superior, implicando o desaparecimento e fusão de universidades, bem como o fortalecimento das interações entre elas, visando o intercâmbio de atividades e o desenvolvimento e operação de projetos comuns;
- universidades corporativas, patrocinadas ou administradas por grandes empresas, visando a aprendizagem contínua e especializada de seus quadros;
- empresas instrucionais — instituições terceirizadas que prestam serviços às universidades no próprio domínio do ensino superior em nichos especializados do conhecimento, dos processos pedagógicos ou da clientela, por meio de contratos definindo indicadores e metas de resultados e as condições desejadas de ensino-aprendizagem;
- entidades de intermediação, cuja função é fazer a ponte entre os provedores de educação superior e os "consumidores", visando apoiar, inclusive financeiramente, os futuros alunos, fornecer-lhes orientação e informações relevantes e certificar o conhecimento por eles adquirido. Podem ainda atuar na defesa dos interesses dos alunos, mobilizando estudantes e negociando cursos específicos e descontos junto às instituições de ensino, além de promover a busca de emprego e trabalho para os concluintes;
- organizações não-tradicionais. Entrada no setor de novos tipos de protagonistas, oriundos de outros segmentos da economia, tais como empresas de telecomunicações, de informática e informação, de entretenimento, bem como organizações governamentais e do "terceiro setor" engajadas na educação, treinamento e desenvolvimento profissional;

- aprendizagem continuada, implicando a necessidade de as instituições de ensino proporcionarem aos cidadãos condições e formas de uma aprendizagem continuada por toda a sua vida profissional, atendendo os requisitos de uma sociedade em permanente mudança;
- ausência de fronteiras rígidas entre os serviços, significando que as diferentes atividades acadêmicas, não apenas se tornam mais inter-relacionadas, mas se fundem efetivamente;
- aprendizagem assíncrona (qualquer tempo, qualquer lugar), quebrando as restrições de tempo e espaço para tornar as oportunidades de aprendizagem mais compatíveis às necessidades e estilos de vida das pessoas;
- serviços bastante diversificados, visando servir a uma população cada vez mais diferenciada e com inúmeras e variadas necessidades e objetivos;
- a universidade do século XXI será considerada, cada vez mais, como uma instituição prestadora de serviços do conhecimento (criação, preservação, integração, transmissão e aplicação), em qualquer das formas demandadas pela sociedade contemporânea;
- evolução do atual "modelo artesanal" de produção para um outro mais próximo da "produção em massa" da era industrial e com fortes influências do modelo adotado na indústria de entretenimento;
- os métodos de ensino-aprendizagem e os papéis dos professores estão submetidos a fortes pressões para mudança, principalmente em função das novas tecnologias da teleinformática e do surgimento de uma "geração digital", com suas demandas por novos processos e relacionamentos;
- o desenvolvimento da pesquisa também deverá sofrer grandes alterações. Os processos de criação tornar-se-ão muito mais coletivos e multidisciplinares, tendo em vista tanto os recursos tecnológicos disponibilizados, como a natureza dos novos conhecimentos demandados pela sociedade;
- centrada tradicionalmente na biblioteca e, portanto, suportada no formato impresso, a preservação do conhecimento talvez seja a função universitária mais suscetível a mudanças tecnológicas radicais. A tecnologia da informação — ou mais amplamente a "convergência digital" das várias mídias — já produz impacto significativo na preservação, divulgação e acessibilidade do conhecimento, tornando-se este cada vez mais democrático e disponível a todos, não sendo mais apenas uma prerrogativa ou privilégio da comunidade acadêmica. Nesse contexto, a biblioteca da universidade do

século XXI, com o apoio de diferentes mídias, extrapolará em muito suas atuais funções e seus domínios tradicionais de abrangência;
- no campo da extensão, a aplicação dos conhecimentos continuará a ser ditada, cada vez mais, pelas necessidades e demandas reais da sociedade.

Provavelmente a extensão constitua a função universitária mais suscetível às mudanças sociais, devendo sofrer conseqüentemente transformações profundas, à medida que a sociedade muda radical e aceleradamente. Dessa forma, a amplitude e diversidade de aplicação, a velocidade de atendimento e a capacidade de respostas concretas requeridas exigirão da extensão novos modelos e processos de produção.

Com relação a algumas megatendências do ambiente brasileiro, destacam-se, baseado na análise de Porto e Régnier (2003) e Braga et al. (2005):

- reestruturação dos processos produtivos e gerenciais;
- mudança nas relações de trabalho, com redução dos empregos formais;
- melhoria na infra-estrutura nacional;
- diversificação da demanda por ensino superior;
- aumento da demanda por educação continuada;
- valorização da educação como instrumento de mobilidade social;
- crescimento do número de estudantes com menor poder aquisitivo;
- aumento na faixa etária média dos estudantes no ensino superior;
- crescimento do número de centros universitários;
- presença de investidores financeiros em algumas Iesps;
- aumento na oferta de cursos *lato sensu*;
- expansão da oferta de produtos *in company* (customizados);
- presença de novos fornecedores de produtos e serviços no entorno das Iesps;
- acirramento da concorrência;
- crescimento das universidades corporativas;
- aumento e consolidação do ensino a distância;
- aumento das demandas judiciais contra as Iesps (principalmente no campo do direito do consumidor);
- ênfase na formação empreendedora e mais autônoma dos alunos;
- maior controle do Estado sobre as instituições filantrópicas;

- consolidação dos processos de avaliação das instituições de ensino e da qualidade do ensino;
- esforço governamental para manter a inflação sob controle;
- maior ênfase no ensino voltado para a "prática";
- profissionalização da gestão nas Iesps;
- abertura de novas Iesps oriundas de pessoas de fora do meio educacional (empresários, políticos etc.);
- crescimento da inadimplência;
- novas alternativas e formas de processo seletivo inicial;
- aumento nas parcerias entre instituições de ensino superior;
- aproximação das Iesps com o setor produtivo;
- maiores rupturas tecnológicas;
- desregulamentação das profissões com maior ênfase no conhecimento do que no diploma;
- piora na qualidade dos alunos entrantes;
- excesso de capacidade produtiva em muitos setores produtivos;
- redução das distâncias geográficas e culturais;
- redução das estimativas de crescimento populacional;
- compras, fusões e falência de Iesps;
- diminuição do tempo médio de duração dos cursos superiores;
- aumento da personalização e flexibilização nos currículos dos cursos;
- aumento na oferta dos cursos modulares;
- mudanças e/ou extinção dos vestibulares tradicionais;
- mudança no perfil do professor.

Cenário para a Uniplanex

Com a ajuda de toda a comunidade acadêmica, de pesquisas externas e do consultor contratado, o comitê de planejamento descreveu o seguinte cenário para cinco anos (segue um exemplo resumido do que foi definido):

- crescimento do ensino a distância;
- presença de novas tecnologias educacionais;
- crescimento da educação continuada;
- consolidação da educação como objetivo de aspiração dos jovens e de suas famílias;

Continua

- declínio das taxas de crescimento demográfico;
- crescente globalização do mercado de trabalho;
- entrada de novos concorrentes (empresas de "fora" do campo educacional);
- crescimento das universidades corporativas;
- presença de universidades virtuais;
- formação de parcerias entre Iesps;
- aumento da concorrência entre as Iesps;
- entrada de Iesps estrangeiras;
- aumento do número de Iesps;
- grupos de investidores e bancos compram Iesps;
- maior ênfase nos cursos de curta duração;
- manutenção da política monetária vigente;
- ociosidade nas Iesps devido ao aumento da concorrência;
- diversificação ampla dos tipos e modalidades de cursos oferecidos;
- polarização entre dois tipos de Iesps: aquelas que oferecem preço baixo e as que têm marca consolidada;
- maior ênfase nos cortes de custos para diminuição de preço;
- sucateamento do corpo docente (devido aos cortes de custos);
- diminuição da qualidade do ensino;
- aumento da inadimplência;
- profissionalização da gestão universitária.

Análise Swot

O próximo passo no planejamento é fazer uma análise Swot. O termo deriva de quatro palavras em inglês: *opportunities*, *threats*, *strenghts*, *weaknesses*.

Trata-se de identificar as oportunidades e ameaças (no contexto externo à empresa) bem como pontos fortes e pontos fracos (no contexto interno da empresa).

Uma variável externa (incontrolável) que seja considerada favorável à Iesp é chamada de "oportunidade". Uma variável externa (incontrolável) que seja considerada desfavorável à Iesp é chamada de "ameaça".

Uma variável interna (controlável) que seja considerada favorável à Iesp é chamada de "ponto forte". Uma variável interna (controlável) que seja considerada desfavorável à Iesp é chamada de "ponto fraco".

A análise Swot é essencial para a qualidade do planejamento da Iesp.

Para a parte externa da análise Swot (ameaças e oportunidades) deve-se usar como base o cenário de megatendências. Cada tendência deve ser classificada como ameaça ou oportunidade ou em ambas as categorias (há itens que têm impactos que são ameaças e outros que são oportu-nidades). Na análise externa (oportunidades e ameaças), propõe-se que o planejador preencha o quadro 1, nas questões propostas.

Quadro 1

Oportunidades	Descrição do impacto sobre a Iesp	Prazo	Grau de impacto	Nota
A				
B				
C				
D				
E				
F				
G				

Cada "oportunidade" deve ser descrita e classificada em relação a:

- **descrição do impacto**: qual o impacto dessa oportunidade diretamente sobre a Iesp? (análise descritiva do impacto);
- **prazo**: qual o prazo de ocorrência dessa oportunidade? Conforme classificação a seguir: nota 2 = oportunidade com ocorrência prevista para o curto prazo (em até 24 meses); nota 1 = oportunidade com ocorrência prevista para o longo prazo (mais de 24 meses);
- **grau de impacto**: qual o grau de impacto da oportunidade sobre a Iesp? Conforme classificação a seguir: nota 3 = oportunidade com probabilidade de alto impacto sobre a Iesp; nota 2 = oportunidade com probabilidade de médio impacto sobre a Iesp; nota 1 = oportunidade com probabilidade de baixo impacto sobre a Iesp;
- **nota**: soma dos valores do "prazo" e do "grau de impacto". Quanto maior a nota, melhor a oportunidade.

Da mesma forma, o planejador deve descrever e classificar as "ameaças".

O MODELO DE PLANEJAMENTO ESTRATÉGICO

Quadro 2

Ameaças	Descrição do impacto sobre a Iesp	Prazo	Grau de impacto	Nota
A				
B				
C				
D				
E				
F				
G				

Cada "ameaça" deve ser descrita e classificada em relação a:

❑ **descrição do impacto**: qual o impacto dessa ameaça diretamente sobre a Iesp? (análise descritiva do impacto);
❑ **prazo**: qual o prazo de ocorrência dessa ameaça? Conforme classificação a seguir: nota 2 = ameaça com ocorrência prevista para o curto prazo (em até 24 meses); nota 1 = ameaça com ocorrência prevista para o longo prazo (mais de 24 meses);
❑ **grau de impacto**: qual o grau de impacto da ameaça sobre a Iesp? Conforme classificação a seguir: nota 3 = ameaça com probabilidade de alto impacto sobre a Iesp; nota 2 = ameaça com probabilidade de médio impacto sobre a Iesp; nota 1 = ameaça com probabilidade de baixo impacto sobre a Iesp;
❑ **nota**: soma dos valores do "prazo" e do "grau de impacto". Quanto maior a nota, maior a ameaça.

Com relação às variáveis internas (controláveis), propõe-se o preenchimento do quadro 3.

Quadro 3

Pontos fortes	Conseqüências para a Iesp	Mensuração das conseqüências
A		
B		
C		
D		
E		
F		
G		

Cada "ponto forte" deve ser descrito e classificado em relação a:

- **conseqüências**: quais são as conseqüências desse ponto forte diretamente sobre a Iesp? (análise descritiva);
- **mensuração**: qual o valor desse ponto forte sobre a competitividade da Iesp? Conforme classificação a seguir: nota 1 = ponto forte com nenhuma conseqüência sobre a competitividade externa da instituição; nota 2 = ponto forte com alguma conseqüência sobre a competitividade externa da instituição; nota 3 = ponto forte com relevantes conseqüências sobre a competitividade externa da instituição.

É a descrição de cada um dos "pontos fortes" (internos) da Iesp e a descrição de quais são as conseqüências diretas que esses fatores trazem à organização.

Usa-se o mesmo processo com relação aos "pontos fracos".

Quadro 4

Pontos fracos	Conseqüências para a Iesp	Mensuração das conseqüências
A		
B		
C		
D		
E		
F		
G		

Cada "ponto fraco" deve ser descrito e classificado em relação a:

- **conseqüências**: quais são as conseqüências desse ponto fraco diretamente sobre a Iesp? (análise descritiva);
- **mensuração**: qual o valor desse ponto fraco sobre a competitividade da Iesp? Conforme classificação a seguir: nota 1 = ponto fraco com nenhuma conseqüência sobre a competitividade externa da instituição; nota 2 = ponto fraco com alguma conseqüência sobre a competitividade externa

da instituição; nota 3 = ponto fraco com relevantes conseqüências sobre a competitividade externa da instituição.

É a descrição de cada um dos "pontos fortes" (internos) da Iesp e de quais são as conseqüências diretas que esses fatores trazem à organização.

Análise Swot na Uniplanex

Considerando especificamente o mercado (a segmentação definida) em que a Iesp em questão atua, a seguir são apresentados alguns fragmentos da análise Swot na Uniplanex (apenas para exemplificar o uso da ferramenta).

Oportunidades	Descrição do impacto sobre a Iesp	Prazo	Grau do impacto	Nota
As pessoas querem cursos mais curtos	A instituição pode investir em cursos de tecnólogos	2	2	4
Educação continuada	Oportunidade de lançar cursos *lato sensu* e cursos de extensão	2	3	5
Dificuldades financeiras do principal concorrente	Ganho de mercado	1	2	3
Entrada de grupos investidores no setor educacional	Oportunidade de captação de capital e de parcerias	1	1	2
Crescimento do ensino a distância	Oportunidade de lançar cursos on line	1	2	3
Envelhecimento da população	Oportunidade para a universidade da terceira idade	2	1	3
Inflação sob controle	Possibilidade de menores aumentos de preços no período	2	1	3
Aumento na rigidez para abertura de novas Iesps	Menos concorrência em função do tempo	1	2	3

Continua

Por exemplo, a educação continuada é um item que já acontece nos nossos dias (prazo = 2) e que causa grande impacto positivo sobre a Uniplanex (grau de impacto = 3).

Ameaças	Descrição do impacto sobre a Iesp	Prazo	Grau de impacto	Nota
Aumento da inadimplência	Dificuldade financeira para a instituição	2	3	5
Crescimento do ensino a distância	Perda de alunos para cursos a distância de outras instituições	1	2	3
Aumento no número de universidades corporativas	Perda de alunos (principalmente na pós)	1	1	2
Pressão por preços baixos	Perda de qualidade de ensino e/ou de margem	2	3	5
Aumento no número de alunos que não completam os cursos	Perda de rentabilidade no decorrer dos cursos	2	3	5
Entrada de instituições estrangeiras no Brasil	Aumento da concorrência	1	1	2
Aumento do desemprego entre o público-alvo da instituição	Diminuição do número de matrículas	2	2	4

Por exemplo, o aumento no número de alunos que não completam os cursos é uma realidade imediata (dos nossos dias) e causa grande impacto negativo sobre a Uniplanex.

Pontos fortes	Conseqüências para a Iesp	Mensuração das conseqüências
Corpo docente comprometido	Possibilidade de melhor qualidade nas aulas	3
Localização do campus	Maior facilidade de acesso aos alunos	2
Ótimas instalações físicas	Maior valor agregado para o aluno	3
Amplo estacionamento	Facilidades para os alunos	1

Pontos fortes	Conseqüências para a Iesp	Mensuração das conseqüências
A instituição ainda tem crédito na praça	Possibilidade de empréstimo para pagamentos de contas e/ou investimento	2
A mantenedora é respeitada na região em que a instituição atua	Maior credibilidade para a instituição	2
Vários anos atuando no setor	Experiência no setor educacional	2
A marca é bem-vista pela sociedade local	Possibilidade de posicionar a marca como diferencial competitivo de valor agregado	3

Pontos fracos	Conseqüências para a Iesp	Mensuração das conseqüências
Diminuição dos docentes titulados	Possibilidade de perda na qualidade das aulas	2
Péssima comunicação interna	Confusões freqüentes com relação à má qualidade das informações	1
Gestores amadores	Possibilidade de má gestão	2
Cursos desatualizados	Perda de competitividade	3
Baixa lucratividade média	Perda de rentabilidade	2
Inexistência de um setor de cobrança	Não-recebimento dos inadimplentes	1
Poucos cursos de pós *lato sensu* e com qualidade ruim	Desperdício da possibilidade de novas ofertas aos egressos	3
Inexistência de atuação mercadológica eficaz	Dificuldade de preencher as vagas do vestibular	3
Mantenedora faz constantes retiradas financeiras	Perda de liquidez financeira	2
Problemas familiares na mantenedora afetam a gestão da instituição	Duplicidade de comando e lentidão nas tomadas de decisão	2

Continua

> Há muitos outros fatores que foram listados na análise Swot da Uniplanex. Esses servem como exemplo do uso da ferramenta.
>
> Importante lembrar que a análise Swot foi realizada considerando-se as peculiaridades da Iesp e do mercado de atuação. Outras Iesps teriam outros fatores listados.

O próximo passo dentro da análise Swot é fazer uma correlação entre as "oportunidades" e os "pontos fortes" e entre as "ameaças" e os "pontos fracos".

Deve-se relacionar os pontos fortes existentes com o poder de potencializar as oportunidades descritas e os pontos fracos existentes com o poder de potencializar as ameaças descritas.

A idéia central do PE deve girar em torno de aproveitar as relações favoráveis (oportunidades mais pontos fortes) e tentar minimizar as relações desfavoráveis (ameaças mais pontos fracos). Também é possível fazer a correlação entre pontos fortes e ameaças e entre pontos fracos e oportunidades.

Plano corporativo

Depois da análise Swot e consciente do real diagnóstico da Iesp, o próximo passo é o desenvolvimento dos objetivos estratégicos corporativos.

Desenvolvimento do posicionamento competitivo

Uma questão central para o sucesso de uma Iesp é a definição do posicionamento competitivo: como a Iesp vai se posicionar estrategicamente diante do mercado e frente aos concorrentes.

No contexto das Iesps brasileiras há três opções de posicionamento competitivo: posicionamento competitivo de preço baixo; posicionamento competitivo de valor agregado e posicionamento competitivo de atendimento às demandas regionais.

A definição do posicionamento competitivo deve considerar os apontamentos da análise Swot.

Posicionamento competitivo de preço baixo

Na atual conjuntura proliferam as instituições que adotam uma estratégia central de oferecer cursos a preços abaixo do mercado. A idéia central é o ganho de escala e o maior desafio é o controle de custos baixos.

Quem adota esse posicionamento (ou estratégia central) precisa trabalhar bem o tripé localização, preço e acesso.

A ênfase na otimização dos espaços (muitos alunos em sala), no controle rígido dos custos e na baixa titulação do corpo docente (para pagar menores salários) constitui a tônica da atuação dessas Iesps.

Na prática, como a maioria das Iesps brasileiras não consegue ser diferenciada, resta ter melhor preço.

A Hoper Assessoria e Pesquisa Educacional (www.editorahoper.com.br) afirma que mais de 90% das Iesps brasileiras são tidas como *commodities* pelo seu público-alvo.

Posicionamento competitivo de valor agregado

A maioria absoluta dos gestores de Iesps gostaria que as suas instituições tivessem diferenciação com relação aos concorrentes e que fossem posicionadas com relação ao valor agregado e não ao preço.

Na prática, poucas são as instituições que realmente conseguem se posicionar com diferenciais competitivos a ponto de poder cobrar mais por isso. Essas instituições são procuradas por alunos de lugares distantes e têm processo seletivo concorrido. Elas têm marcas conceituadas e primam pela excelência no ensino.

Nessa estratégia central, essas Iesps destacam-se por possuir: grande investimento na marca; projeção nacional; estrutura de ensino moderna (com uso de modernas tecnologias); poucos alunos por sala de aula; metodologias de ensino diferenciadas; rigidez na aprovação dos alunos; processo seletivo concorrido; e credibilidade com o mercado empregador.

Posicionamento competitivo de atendimento às demandas regionais

Algumas Iesps focam a sua atuação em mercados regionais ou locais muito bem definidos. Não pretendem concorrer com as melhores instituições do país, pretendem apenas atender bem as demandas do seu público-alvo geograficamente definido.

Dentro desse posicionamento competitivo a Iesp ainda pode optar por dois vieses: atender a região escolhida pela oferta de preço baixo ou pelo valor agregado.

Independentemente de qual viés a Iesp adotar, o preço deverá ser definido considerando-se as condições econômicas do público-alvo. Isto é, um curso de administração de uma instituição "de ponta" numa pequena cidade do interior provavelmente custará mais barato que um similar numa grande metrópole.

Definição do posicionamento competitivo para a Uniplanex

O comitê de planejamento considerou todos os detalhes da análise Swot. Também investiu tempo na correta definição do público-alvo da Uniplanex.

Diante das análises realizadas e do desejo da mantenedora, o comitê decidiu que a Uniplanex adotaria um posicionamento de atendimento às demandas regionais com viés de oferta de valor agregado.

A idéia é se posicionar com uma IES "de ponta" na região de Campinas, para combater as pequenas instituições que surgem com custos e preços bem mais baixos. A proposta central é oferecer qualidade nos cursos e cobrar mais por isso.

Condições de competitividade das Iesps brasileiras

Muitos são os desafios que se impõem às Iesps no Brasil. O maior deles é o crescente aumento da competição no setor.

Muitos fatores corroboram a afirmação de que nos próximos anos haverá um aumento da competição no setor e também o desaparecimento de Iesps via fusão, compra ou falência (coisa nunca vista antes).

O alerta vermelho e a conseqüente necessidade de aumento de competitividade dão-se pelos fatores apontados a seguir, baseado na análise de Braga (2006):

- de 1997 a 2003 o setor privado teve um aumento de 154% no número de alunos ingressantes, com média anual de 17%;

O Modelo de Planejamento Estratégico

- em 2003 o crescimento foi 8% e em 2004 de apenas 2%;
- em 2005 a taxa de crescimento do númeero de alunos matriculados no ensino médio no Brasil foi de −1,5% (negativa);
- as projeções indicam que a taxa média de crescimento de alunos matriculados no ensino médio deve ficar em 0,4% ao ano (até 2010);
- apenas 24% dos alunos matriculados concluem o ensino médio;
- estima-se que a taxa de crescimento da demanda por cursos superiores privados deve crescer apenas 4% ao ano (até 2010);
- cerca de 90% da população brasileira têm renda familiar inferior a três salários mínimos;
- até 2010 a população brasileira na faixa de 18 a 24 anos terá encolhido em 4,2%;
- nas Iesps o número de vagas é muito maior que a demanda;
- nos últimos anos a taxa média de crescimento do número de vagas ofertadas foi de 23% ao ano;
- nas Iesps a relação ingresso/vaga é de 0,5 ingresso por vaga;
- das cerca de duas mil Iesps existentes hoje, mil surgiram nos últimos seis anos;
- projeta-se um aumento da oferta de vagas proveniente de pequenas instituições de ensino;
- está havendo uma expansão geográfica de algumas Iesps para se tornarem organizações nacionais;
- as 10 maiores Iesps respondem por 16,7% das matrículas no setor particular (há pulverização nas matrículas);
- o valor da mensalidade média está em queda (1,2% em 2004);
- as novas Iesps têm entrado no mercado com uma política de preços baixos e o têm pressionado;
- no setor educacional, o percentual de inadimplência é de três a quatro vezes maior do que a encontrada em outros setores da economia.

Sobre a perspectiva do aumento das mudanças e dos desafios às empresas, Fleury e Fleury (2000:36) afirmam:

> Três ondas de mudanças sobrepõem-se nos dias de hoje, gerando um contexto de grande turbulência: a passagem de um regime de mercado vendedor para

mercado comprador, a globalização dos mercados e da produção e o advento da economia baseada em conhecimento. Esses fatores levam a novas formas de organizar as empresas, seja em termos de estratégias, seja em termos de arranjos interempresariais, seja em termos de gestão em geral.

Desenvolvimento de objetivos e iniciativas corporativas

Nesse momento o comitê de planejamento tem de determinar quais são os objetivos e as iniciativas estratégicas para o período do PE.

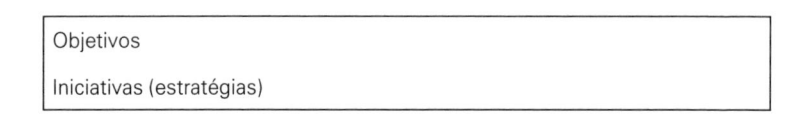

Objetivos
Iniciativas (estratégias)

Os objetivos são os alvos (os desejos) da Iesp para o período. As iniciativas (que também podem ser chamadas de estratégias) são as ações (no nível corporativo/macro) que a Iesp tomará para alcançar os objetivos propostos.

É muito importante ressaltar que esses objetivos e metas devem ser fruto da análise Swot e da realidade da Iesp. Eles devem refletir o "mundo real" da instituição de ensino e não o "mundo ideal" (composto por sonhos impossíveis, posicionamentos impraticáveis e metas inalcançáveis).

Definição dos objetivos e iniciativas corporativas da Uniplanex

Após suficiente discussão que considerou a realidade da instituição e os desejos de todos os *stakeholders*, o comitê de planejamento da Uniplanex, com a participação efetiva da mantenedora, decidiu que, para os próximos cinco anos, os objetivos e iniciativas corporativas seriam:

Objetivo	Reposicionamento mercadológico da instituição
Iniciativas (estratégias)	Agregar mais valor aos cursos oferecidos. Melhorar a comunicação. Estreitar as relações com o meio externo. Estreitar o relacionamento com os alunos. Abertura de um programa de mestrado. Investir na marca e na comunicação visual.

Continua

Objetivo	Diminuição da inadimplência e aumento da recuperação do crédito
Iniciativas (estratégias)	Melhorar o controle interno. Estreitar o relacionamento com os alunos. Criar sistemática de cobrança e negociação. Buscar parcerias para crédito estudantil.

Objetivo	Pagamento integral das dívidas
Iniciativas (estratégias)	Cortar custos (desperdício). Otimizar o uso dos espaços físicos com novas ofertas de cursos. Estudar aporte financeiro de investidores externos. Renegociar com bancos e credores. Renegociar com o fisco. Aumentar receita.

Objetivo	Profissionalização da gestão
Iniciativas (estratégias)	Treinar os donos nas ferramentas gerenciais. Contratar profissionais de mercado. Treinar todos os funcionários.

Objetivo	Aumento da qualificação do corpo docente
Iniciativas (estratégias)	Contratar professores titulados. Investir em treinamentos internos. Incentivar a qualificação docente.

Objetivo	Geração de novas receitas
Iniciativas (estratégias)	Oferecer novos cursos de curta duração para nichos específicos. Oferecer cursos de extensão. Gerar receita com fontes alternativas (lanchonete, venda de roupas, livraria etc.).

Desenvolvimento de indicadores e metas corporativas

O próximo passo é a descrição dos indicadores de desempenho corporativos e das suas respectivas metas.

A gestão por indicadores de desempenho está no cerne da moderna gestão empresarial. Trata-se do princípio da medição. Como melhorar objetivamente alguma coisa se não se sabe qual o seu real desempenho?

De acordo com documento da Universidade Federal de Santa Maria (1999:28):

Um indicador de desempenho é qualquer medida identificada como característica dos produtos, serviços ou processos, ou operações utilizadas pela instituição para avaliar e melhorar o desempenho e acompanhar o progresso. Cada indicador de desempenho se referencia, quando possível, a um padrão que deve ser alcançado. Os indicadores devem ser definidos de forma a descrever acuradamente como o atual desempenho se relaciona com a missão, os objetivos e as ações. Além disso, todo o indicador tem uma medida de resultado que é expressa em termos idênticos aos da meta e/ou da ação que deverá medir.

Os indicadores devem servir de apoio para detectar as causas e os efeitos de uma ação, e não apenas seus resultados.

Um indicador precisa:

- ser compreensível;
- ter aplicação fácil e abrangente;
- ser interpretável de modo uniforme (não permitindo diferentes interpretações);
- ser compatível com o processo de coleta de dados;
- ser preciso quanto à interpretação dos resultados;
- ser economicamente viável a sua aferição;
- oferecer subsídios para o processo decisório.

A idéia é mensurar o desempenho corporativo através dos principais indicadores de desempenho e suas respectivas metas (alvos mensuráveis). A meta deve ser sempre SMART:

- **s**pecific (específica);
- **m**easurable (mensurável);
- **a**ction oriented (orientada para a ação);
- **r**ealistic (realista — exeqüível);
- **t**imely (com tempo de duração).

As metas não devem ser usadas como instrumentos de coação, ameaça e terror. Devem ser encaradas por todos como uma forma objetiva (mensurável) de melhoria contínua. Sem medição, como saber se realmente a Iesp está melhorando? Muitas pessoas ainda sentem calafrios ao ouvir a palavra meta. Tiveram experiências ruins com a questão. Porém, o problema nunca é o uso da meta em si, mas sim: quem colocou a meta? Como ela foi definida? E o que acontece com quem não a alcança? Essas sim são as questões que devem ser discutidas e resolvidas antes de se desqualificar ou temer o uso das metas na gestão.

Metas podem ser propostas para cada ano do PE. Destaca-se que as metas não precisam necessariamente mudar de ano para ano, cada caso é diferente do outro.

Indicador
Cálculo do indicador
Meta — ano 1
Meta — ano 2
Meta — ano 3
Meta — ano 4
Meta — ano 5

Por exemplo:

Indicador	Faturamento
Cálculo do indicador	Valor do faturamento bruto
Meta — ano 1	R$ 100.000,00
Meta — ano 2	R$ 130.000,00
Meta — ano 3	R$ 130.000,00
Meta — ano 4	R$ 135.000,00
Meta — ano 5	R$ 140.000,00

É muito comum e apropriado o uso de alguns indicadores financeiros (entre outros), como indicadores corporativos estratégicos.

O quadro 5 apresenta as médias dos principais indicadores financeiros das Iesps brasileiras, para norteamento e comparação.

Quadro 5

		Valores	Percentual
Margem líquida	Valor médio das Iesps com maior margem líquida		26,48
	Valor médio das Iesps com margem líquida intermediária		13,75
	Valor médio das Iesps com menor margem líquida		3,83
Liquidez geral	Valor médio das Iesps com maior liquidez geral	6,8	
	Valor médio das Iesps com liquidez geral intermediária	3,3	
	Valor médio das Iesps com menor liquidez geral	0,9	
Liquidez corrente	Valor médio das Iesps com maior liquidez corrente	6.22	
	Valor médio das Iesps com liquidez corrente intermediária	3,12	
	Valor médio das Iesps com menor liquidez corrente	1,03	
Rentabilidade do Patrimônio Líquido	Valor médio das Iesps com maior rentabilidade do PL		28,34
	Valor médio das Iesps com rentabilidade do PL intermediária		17,22
	Valor médio das Iesps com menor rentabilidade do PL		3,11
Rentabilidade do ativo	Valor médio das Iesps com maior rentabilidade do ativo		17,56
	Valor médio das Iesps com rentabilidade do ativo intermediária		9,44
	Valor médio das Iesps com menor rentabilidade do ativo		1,16
Giro do ativo	Valor médio das Iesps com maior giro do ativo	4,11	
	Valor médio das Iesps com giro do ativo intermediário	2,14	
	Valor médio das Iesps com menor giro do ativo	1,23	
Endividamento geral	Valor médio das Iesps com menor endividamento geral		7,45
	Valor médio das Iesps com endividamento geral intermediário		15,38
	Valor médio das Iesps com maior endividamento geral		62,70

Continua

		Valores Percentual
Inadimplência no ensino superior	No dia seguinte ao vencimento	46
	Após 30 dias	28
	Na rematrícula	6

Fonte: Braga et al. (2005:31).

Indicadores e metas para a Uniplanex

O comitê de planejamento determinou os seguintes indicadores corporativos e respectivas metas.

Indicador	Faturamento mensal
Cálculo do indicador	Valor do faturamento
Meta ano 1	
Meta ano 2	
Meta ano 3	
Meta ano 4	
Meta ano 5	

Indicador	Faturamento mensal por funcionário
Cálculo do indicador	Valor do faturamento total/número total de funcionários
Meta ano 1	
Meta ano 2	
Meta ano 3	
Meta ano 4	
Meta ano 5	

Indicador	Faturamento mensal por aluno
Cálculo do indicador	Valor do faturamento total/número total de alunos
Meta ano 1	
Meta ano 2	
Meta ano 3	
Meta ano 4	
Meta ano 5	

Continua

Indicador	Faturamento mensal proveniente de receitas extras
Cálculo do indicador	Receitas de fontes extras
Meta ano 1	
Meta ano 2	
Meta ano 3	
Meta ano 4	
Meta ano 5	

Indicador	Índice de liquidez corrente
Cálculo do indicador	Ativo circulante/passivo circulante
Meta ano 1	
Meta ano 2	
Meta ano 3	
Meta ano 4	
Meta ano 5	

Indicador	Margem líquida
Cálculo do indicador	Lucro líquido/receitas totais
Meta ano 1	
Meta ano 2	
Meta ano 3	
Meta ano 4	
Meta ano 5	

Indicador	Rentabilidade do PL
Cálculo do indicador	Lucro líquido/patrimônio líquido
Meta ano 1	
Meta ano 2	
Meta ano 3	
Meta ano 4	
Meta ano 5	

Continua

Indicador	Rentabilidade do ativo (ROI)
Cálculo do indicador	Lucro líquido/ativo total
Meta ano 1	
Meta ano 2	
Meta ano 3	
Meta ano 4	
Meta ano 5	

Indicador	Giro do ativo
Cálculo do indicador	Vendas líquidas/ativo total
Meta ano 1	
Meta ano 2	
Meta ano 3	
Meta ano 4	
Meta ano 5	

Indicador	Endividamento geral
Cálculo do indicador	(Passivo circulante + exigível a longo prazo)/patrimônio líquido
Meta ano 1	
Meta ano 2	
Meta ano 3	
Meta ano 4	
Meta ano 5	

Indicador	Índice de ocupação
Cálculo do indicador	Total de alunos matriculados/total de vagas existentes
Meta ano 1	
Meta ano 2	
Meta ano 3	
Meta ano 4	
Meta ano 5	

Continua

Indicador	Índice dos docentes com titulação
Cálculo do indicador	Titulações de mestre e doutor/total dos docentes
Meta ano 1	
Meta ano 2	
Meta ano 3	
Meta ano 4	
Meta ano 5	

Indicador	Indicador de dedicação
Cálculo do indicador	Número de docentes com 12 horas ou mais de dedicação
Meta ano 1	
Meta ano 2	
Meta ano 3	
Meta ano 4	
Meta ano 5	

Indicador	Índice de evasão anual
Cálculo do indicador	Total de alunos desistentes/total de alunos matriculados
Meta ano 1	
Meta ano 2	
Meta ano 3	
Meta ano 4	
Meta ano 5	

Indicador	Índice de alunos por docente
Cálculo do indicador	Total de alunos matriculados/quantidade total de docentes
Meta ano 1	
Meta ano 2	
Meta ano 3	
Meta ano 4	
Meta ano 5	

Continua

Indicador	Índice de alunos por funcionário técnico-administrativo
Cálculo do indicador	Total de alunos matriculados/quantidade total de funcionários técnico-administrativos
Meta ano 1	
Meta ano 2	
Meta ano 3	
Meta ano 4	
Meta ano 5	

Indicador	Taxa de inadimplência na rematrícula
Cálculo do indicador	Valor das inadimplências/faturamento previsto
Meta ano 1	
Meta ano 2	
Meta ano 3	
Meta ano 4	
Meta ano 5	

Indicador	Taxa de inadimplência mensal
Cálculo do indicador	Valor das inadimplências/faturamento previsto
Meta ano 1	
Meta ano 2	
Meta ano 3	
Meta ano 4	
Meta ano 5	

Indicador	Custo total por aluno
Cálculo do indicador	Custo total mensal/quantidade de alunos
Meta ano 1	
Meta ano 2	
Meta ano 3	
Meta ano 4	
Meta ano 5	

Continua

Indicador	Egressos com emprego fixo
Cálculo do indicador	Quantidade de egressos com emprego fixo nos dois primeiros anos de formados/quantidade total de egressos
Meta ano 1	
Meta ano 2	
Meta ano 3	
Meta ano 4	
Meta ano 5	

Indicador	Cursos entre os três melhores da região
Cálculo do indicador	Quantidade de cursos classificados entre os três melhores da região/quantidade total de cursos da instituição
Meta ano 1	
Meta ano 2	
Meta ano 3	
Meta ano 4	
Meta ano 5	

Planos táticos

Os planos táticos são os planos das unidades de negócio (escolas). Cada escola, definida pelo conceito de "área de aplicação" deve ter o seu planejamento próprio.

O planejamento de cada escola deve ser realizado a partir do planejamento corporativo e considerando-o totalmente.

Os objetivos, metas e indicadores táticos (das escolas) devem refletir e concretizar os objetivos, metas e indicadores corporativos.

Porém, antes da definição do planejamento em si, todas as escolas devem fazer um diagnóstico para medir a sua competitividade e atratividade.

A primeira questão é: quão competitiva é a escola (curso) diante da concorrência?

E depois, quão atrativa é a escola (como negócio) para a mantenedora?

Recomenda-se que essas análises sejam realizadas pelo coordenador acadêmico junto com o gestor de mercado e alguns professores da escola analisada. Se puder trazer gente de fora (empregadores, órgãos de regulamentação, alunos egressos etc.) a análise ficará melhor.

Análise da competitividade da unidade de negócio (escola)

Para analisar a competitividade de cada escola, propõe-se a utilização de três ferramentas (conceitos): a análise Swot, o conceito de vantagem competitiva de mercado e o conceito de fatores críticos de sucesso para o mercado.

Análise Swot das unidades de negócio

Cada escola precisa fazer uma análise Swot (conforme já apresentado), buscando detectar quais são as oportunidades, ameaças, pontos fortes e pontos fracos. O modelo é o mesmo praticado pelo nível corporativo, mas a abrangência se restringe à escola e suas inter-relações.

A seguir, será apresentado um modelo de análise e planejamento tático para a Escola de Administração (fictícia) da Uniplanex (fictícia).

Análise Swot na Escola de Administração da Uniplanex

Para executar as análises necessárias, determinou-se um comitê de planejamento tático dentro da Escola de Administração.

Participam desse comitê: o coordenador acadêmico (que também é o gestor de mercado), cinco professores escolhidos, dois alunos egressos escolhidos e dois empresários da região. O consultor contratado também ajuda na aplicação das ferramentas propostas.

A seguir são apresentados alguns detalhes da análise Swot da Escola de Administração.

Oportunidades	Descrição do impacto sobre a escola	Prazo	Grau do impacto	Nota
Aumento constante do interesse por cursos de administração	Possibilidade de grande número de alunos	2	3	5
Educação continuada na área de negócios é a que mais cresce	Oportunidade de lançar cursos *lato sensu* e cursos de extensão	2	3	5

Continua

Oportunidades	Descrição do impacto sobre a escola	Prazo	Grau do impacto	Nota
Os cursos de administração dos concorrentes diretos são *commodities*	Possibilidade de criar um curso com alto valor agregado e marca distintiva	2	2	4
Os cursos de administração dos concorrentes diretos estão no modelo tradicional	Possibilidade de criar cursos no modelo modular com maior flexibilidade para o aluno	2	1	3

Ameaças	Descrição do impacto sobre a escola	Prazo	Grau do impacto	Nota
Entrada, na região, de novas Iesps conceituadas no Brasil	Aumento da disputa no segmento de "valor agregado"	1	3	4
Baixa qualidade dos egressos do ensino médio	Perda da qualidade do curso	2	2	4
Assédio das instituições "de ponta" de São Paulo aos alunos dessa região	Perda de alunos que iriam estudar em São Paulo	2	3	5
Aumento no número de universidades corporativas	Perda de alunos (principalmente na pós)	1	1	2
Diminuição nos programas de bolsas de estudos das empresas	Perda de alunos	1	2	3
Alto custo das mídias na região	Aumento nos custos de divulgação	2	2	4

Pontos fortes	Conseqüências para a escola	Mensuração das conseqüências
Corpo docente comprometido	Possibilidade de melhor qualidade nas aulas	3
Localização do campus	Maior facilidade de acesso aos alunos	3
Ótimas instalações físicas	Maior valor agregado para o aluno	3

Continua

Pontos fortes	Conseqüências para a escola	Mensuração das conseqüências
Amplo estacionamento	Facilidades para os alunos	1
Coordenador com capacidade gerencial	Gestão mais profissional	2
A tradição da marca da Uniplanex	Maior credibilidade	3
Empresa júnior bem estruturada	Mais valor agregado ao curso	2

Pontos fracos	Conseqüências para a escola	Mensuração das conseqüências
Alguns docentes com dificuldade de ensinar	Perda na qualidade das aulas	3
Pouco relacionamento com o mercado empregador da região	Distância da "prática" e das demandas dos "contratantes"	3
Vários currículos em andamento (juntos)	Confusão e falta de controle	1
Secretaria lenta na realização dos trabalhos	Lentidão no atendimento aos alunos	1
Ausência de um *call center* para "vender" o curso	Perda de alunos	2
Alunos acostumados a chegar tarde e sair cedo	Perda na qualidade das aulas	2
Péssima comunicação interna	Confusões freqüentes com relação à má qualidade das informações	2
Ausência de uma marca (logo, programação visual) para a escola	Dificuldade de posicionamento mercadológico	2

Há outros fatores que foram listados na análise Swot da Escola de Administração. Esses listados aqui servem como exemplo do uso da ferramenta.

Vantagens competitivas de mercado

Genericamente, o termo vantagem competitiva é usado de muitas formas e com muitos significados. Neste caso o termo será usado de forma específica e será chamado de vantagem competitiva de mercado (VCM).

Vantagens competitivas de mercado são posições estratégicas que criam valor para o cliente e diferenciação de oferta positiva em relação à concorrência. Sem VCM não se pode vencer a batalha da concorrência.

A pergunta que a escola tem que fazer é: quais são as vantagens competitivas de mercado dos cursos oferecidos?

Para se ter VCM são necessários três aspectos:

- é preciso que os cursos tenham diferenciais em relação à concorrência (que sejam realmente diferentes das outras opções disponíveis no mercado);
- é preciso que os alunos (atuais e potenciais) enxerguem essas diferenças (se as diferenças existem mas os alunos não notam, não há VCM);
- é preciso que os alunos valorizem essas diferenças (mesmo que as diferenças existam e os alunos notem-nas, é necessário que eles valorizem essas diferenças; diferenças que não são valorizadas são se transformam em VCM).

Então, VCMs são diferenciais que os alunos (e demais *stakeholders*) identificam e valorizam muito. Qualquer diferencial que os alunos não identificam ou não valorizam, não é VCM.

O maior problema dos cursos da maioria das Iesps é que eles nem sequer têm diferencial e, portanto, não são notados nem valorizados.

As VCM podem derivar de preço baixo ou de valor agregado. Quando são copiadas pelos concorrentes, elas deixam de ser diferenciais e, conseqüentemente, de ser VCM.

Quando os concorrentes oferecem algum serviço (ou alguma coisa) que os alunos (e demais *stakeholders*) já esperam e por isso já consideram como básico (mínimo), mas a sua instituição não o faz, então tem-se uma desvantagem competitiva de mercado.

> Vantagem competitiva de mercado = os diferenciais que os clientes enxergam e valorizam muito.

> Desvantagem competitiva de mercado = tudo os que os concorrentes oferecem, os clientes já esperam receber e consideram como básico (mínimo), mas a sua instituição ainda não o faz.

Quem tem que dar os parâmetros para essa análise são os alunos (atuais e potenciais) e os demais *stakeholders*. Os gestores planejam a proposição de vantagens competitivas, mas é o "mercado" que as reconhece e legitima.

Análise das vantagens competitivas de mercado dos cursos da Escola de Administração

Quando o consultor apresentou o conceito de VCM e todos entenderam, houve consternação ao notarem que muito do que eles achavam que eram diferenciais do seu curso, nem sequer eram notados pelo público-alvo.

Depois de alguma discussão e ouvindo atentamente a opinião dos *stakeholders*, chegaram à conclusão de que as vantagens competitivas de mercado da Escola de Administração eram: a localização privilegiada da Iesp; as instalações físicas do campus e das salas de aula; a tradição da marca Uniplanex.

Diante do exposto, todos perceberam que era necessária a criação de novas proposições de VCM o quanto antes.

Também investiram tempo nas discussões de prováveis desvantagens competitivas de mercado (DCM).

A única DCM que notaram é que praticamente todos os concorrentes davam desconto nas mensalidades pagas antecipadamente, menos a Uniplanex.

O quadro 6 traz a lógica da gestão de vantagens competitivas de mercado, relacionada à análise interna (Swot).

Quadro 6

Descrição	Resultado
Pontos fortes que a minha Iesp tem e os concorrentes não têm e que os clientes enxergaram e valorizam na compra.	Minhas vantagens competitivas de mercado.

Continua

Descrição	Resultado
Pontos fortes que a minha Iesp tem e os concorrentes também têm.	Empatado (neutro).
Pontos fortes que o meu concorrente tem e que a minha Iesp não tem e que os clientes enxergaram e valorizam na compra.	Vantagens competitivas de mercado do concorrente.
Pontos fracos que a minha Iesp tem e que os concorrentes não têm e que os clientes enxergam e acham grave a minha deficiência.	Minhas desvantagens competitivas de mercado.

Fatores críticos de sucesso para o mercado

Outra ferramenta importante para a análise da competitividade é um quadro analítico chamado fatores críticos de sucesso para o mercado.

Muito importante notar a expressão "para o mercado", pois a idéia é que os clientes determinem os fatores de sucesso para o empreendimento e não os gestores. O foco sempre deve ser a opinião do mercado consumidor.

No caso dos fatores críticos de sucesso para o mercado (FCS-M) para cursos de Iesps, a questão central que deve ser respondida é: quais os fatores críticos de sucesso para uma compra de um curso universitário "X"? Ou a mesma questão dita de outra forma: quando os alunos procuram decidir sobre qual curso de qual Iesp comprar, quais são os itens que eles consideram? Ou ainda: quais fatores são centrais no processo de decisão de compra do curso "X"?

A Iesp deve levantar junto ao público-alvo quais fatores são levados em consideração na hora da decisão de compra de um determinado curso.

PASSOS PARA CONSTRUÇÃO DE UMA MATRIZ DOS FATORES CRÍTICOS DE SUCESSO PARA O MERCADO

Primeiro passo: determinar qual curso específico será analisado. A seguir será apresentado um exemplo (que obviamente será diferente caso a caso).

Fatores críticos de sucesso para o mercado
Curso: administração de empresas

Segundo passo: pesquisar junto ao público-alvo (sempre em relação ao público-alvo definido para o curso), quais fatores são considerados na decisão de compra. Isto é, o que os consumidores ponderam (itens) antes de escolher em que local estudar?

Fatores críticos de sucesso para o mercado
Curso: administração de empresas

FCS-M

Qualidade das instalações físicas

Qualidade do corpo docente

Valor da mensalidade

Localização da instituição de ensino

Facilidade do vestibular

Nome (marca) da instituição de ensino

Terceiro passo: colocar "pesos" (ponderação) para cada item. Ocorre que para o candidato a aluno todas essas coisas citadas são relevantes, mas umas terão maior relevância que outras na decisão de compra do curso. A Iesp deverá pesquisar junto aos candidatos qual a relevância dada a cada um dos itens declarados.

Sugere-se (para começar) uma escala simples: peso 3 = item muito importante; peso 2 = item importante; peso 1 = item desejável.

Fatores críticos de sucesso para o mercado
Curso: administração de empresas

FCS-M	Pesos
Qualidade das instalações físicas	2
Qualidade do corpo docente	3
Valor da mensalidade	3
Localização da instituição de ensino	2
Facilidade do vestibular	1
Nome (marca) da instituição de ensino	2

Quarto passo: listar *todos* os cursos que são concorrentes estratégicos do curso analisado. Concorrentes estratégicos são aqueles que oferecem o mesmo curso para o mesmo público-alvo. Então, são duas condições: mesmo "produto" e mesmo público-alvo. Os concorrentes que não se enquadrarem nessas duas condições não deverão ser listados como concorrentes estratégicos. Também deverá haver um espaço para a multiplicação do peso com a nota concedida.

Fatores críticos de sucesso para o mercado
Curso: administração de empresas

FCS-M	Pesos	Seu curso	Peso x nota	Concorrente X	Peso x nota	Concorrente Y	Peso x nota
Qualidade das instalações físicas	2						
Qualidade do corpo docente	3						
Valor da mensalidade	3						
Localização da instituição de ensino	2						
Facilidade do vestibular	1						
Nome (marca) da instituição de ensino	2						

Quinto passo: atribuição de notas de desempenho para cada item proposto. Com relação ao desempenho do curso analisado, pesquisar junto aos candidatos e aos alunos matriculados (que eles afiram a nota). Com relação ao desempenho dos concorrentes estratégicos o comitê de planejamento deve aferir a nota com base em pesquisas.

Recomenda-se a seguinte escala (para começar): nota 5 = desempenho excelente; nota 4 = desempenho muito bom; nota 3 = desempenho bom; nota 2 = desempenho razoável; nota 1 = desempenho ruim.

Note-se que para itens quantitativos (como valor de mensalidade), pode-se criar uma escala prévia dando a cada nota um valor fixo correspondente. Nos itens qualitativos a análise é mais difícil (mais subjetiva); mesmo assim a atribuição de nota obriga o avaliador a pensar sistematicamente sobre o assunto, criando assim uma visão estratégica.

Fatores críticos de sucesso para o mercado
Curso: administração de empresas

FCS-M	Pesos	Seu curso	Peso x nota	Concorrente X	Peso x nota	Concorrente Y	Peso x nota
Qualidade das instalações físicas	2	4	8	5	10	3	6
Qualidade do corpo docente	3	3	9	4	12	2	6
Valor da mensalidade	3	5	15	2	6	4	12
Localização da instituição de ensino	2	4	8	4	8	4	8
Facilidade do vestibular	1	4	4	1	1	3	3
Nome (marca) da instituição de ensino	2	4	8	3	6	5	10

Uma matriz como essa deveria ficar sempre exposta aos gestores, pois serve para chamar a atenção para os fatores que realmente interessam na opinião do cliente.

Em tempo, é muito importante ressaltar que os itens (FCS-M) são as demandas primárias do público-alvo para a compra de um curso. Atente-se para o fato de que esses itens listados são (*a priori*) a lista dos fatores críticos para a compra de um curso qualquer (dentro da categoria estabelecida); isto é, eles não são a lista dos diferenciais do curso analisado. A pergunta não foi: o que você encontrou no nosso curso que fez com que você o escolhesse? A pergunta correta foi: o que você está considerando *antes* de decidir que curso em que Iesp comprar?

Observe que quando se tem um desempenho superior à concorrência em algum dos itens apresentados, então já existe vantagem competitiva de mercado (pois o cliente já procura esse item e o considera muito importante). Quando o concorrente vence, a vantagem competitiva de mercado (VCM) é dele. E quando há um desempenho péssimo num item "procurado", se está diante de uma desvantagem competitiva de mercado.

Qualquer diferencial criado fora dos itens "procurados" pode se transformar em VCM ou não, depende da reação do cliente.

Na prática, o campo de batalha é travado realmente nos termos dos FCS-M; por isso deve-se sempre incluir no planejamento a melhoria constante desses itens.

Sexto passo: planejar melhoria de desempenho nos FCS-M.

Fatores críticos de sucesso para o mercado
Curso: administração de empresas

FCS-M	Metas	Ações
Qualidade das instalações físicas		
Qualidade do corpo docente		
Valor da mensalidade		
Localização da instituição de ensino		
Facilidade do vestibular		
Nome (marca) da instituição de ensino		

Fatores críticos de sucesso para o mercado na análise do curso de administração da Uniplanex

Após extensa pesquisa junto ao público-alvo e nos concorrentes, o comitê de planejamento tático determinou que o quadro de FCS-M seria:

Continua

O Modelo de Planejamento Estratégico

Fatores críticos de sucesso para o mercado
Curso: administração de empresas

FCS-M	Pesos	Seu curso	Peso x nota	Concorrente X	Peso x nota
Qualidade das instalações físicas	2	5	10	3	6
Qualidade do corpo docente	3	3	9	4	12
Valor da mensalidade	3	3	9	4	12
Localização da instituição de ensino	2	5	10	3	6
Facilidade do vestibular	1	4	4	3	3
Nome (marca) da instituição de ensino	3	4	12	3	9

Diante da análise realizada, a Escola de Administração resolveu concentrar-se prioritariamente na qualificação e desenvolvimento do corpo docente.

Análise da atratividade do negócio (escola/curso) para a Iesp (mantenedora)

O próximo passo na análise tática é responder à seguinte questão: a escola ou o curso "X" é um bom negócio para a Iesp? Podemos ter cursos competitivos (com bom desempenho no mercado), mas a atratividade desses cursos para a Iesp é outra coisa.

Atratividade relaciona-se com algumas questões centrais: vale a pena continuar investindo nesse curso? Vale a pena continuar oferecendo esse curso? No portfólio (conjunto) de cursos da Iesp quais são os mais atrativos?

Ressalte-se que atratividade não tem somente a ver com resultado financeiro, mas sim com uma cadeia de fatores interligados.

Para medir a competitividade de uma escola ou de um curso, propõe-se um instrumento chamado de matriz de atratividade.

Passos para a construção da matriz de atratividade.

Primeiro passo: definir quais os parâmetros (critérios) para se medir a atratividade de um curso/escola. A seguir, são sugeridos os critérios.

Atratividade do curso
Ameaça da entrada de novos concorrentes

Analisa se é fácil ou não a entrada de novos concorrentes (considerando sempre o público-alvo definido). Quanto mais fácil ou iminente a entrada de novos concorrentes menos atrativo é o curso. Quanto mais difícil for a entrada de novos concorrentes, mais atrativo será o curso. Os fatores que podem impedir ou dificultar a entrada de novos concorrentes (aberturas de novos cursos na mesma área) são chamados de barreiras à entrada. Quanto maiores forem as barreiras à entrada (impedimentos), mais atrativo será o curso analisado. Se as barreiras à entrada forem baixas, mais fácil será a abertura de novos cursos concorrentes, então menos atrativo será o curso analisado.

Sob esse critério, cursos de medicina são mais atrativos que cursos de administração, pois são mais difíceis de serem abertos.

Atratividade do curso
Ameaça da entrada de novos concorrentes
Análise dos alunos

Analisa o comportamento dos alunos do curso em questão. A idéia é mapear o comportamento típico (padrão) dos alunos desse tipo de curso e classificá-lo em: favorável e desfavorável.

Quanto mais os comportamentos típicos forem favoráveis, mais atrativo será o curso. Cursos com típicos e contínuos comportamentos desfavoráveis são menos atrativos (pois darão maiores problemas à Iesp).

Dentro desse critério, cursos de letras são mais atrativos que cursos de direito, pois o segundo tem tipicamente alunos mais críticos e com comportamento "mais difícil de lidar".

> Atratividade do curso
> Ameaça da entrada de novos concorrentes
> Análise dos alunos
> **Análise do corpo docente**

Analisa os comportamentos e características do corpo docente (como principais fornecedores de serviços). Devem ser considerados: titulação, disponibilidade no mercado, disposição de colaboração com a Iesp, salários pagos, habilidades didáticas, publicações etc.

Um curso atrativo é aquele que tem docentes com comportamento e condições favoráveis à Iesp. Quanto pior o corpo docente (sob a ótica da Iesp), menos atrativo será o curso.

Dentro desse critério, um curso de pedagogia normalmente é mais atrativo que um curso de turismo, pois há menos professores de turismo disponíveis do que de pedagogia.

> Atratividade do curso
> Ameaça da entrada de novos concorrentes
> Análise dos alunos
> Análise do corpo docente
> **Análise dos concorrentes**

É o mapeamento da ação dos concorrentes já existentes. Cursos com muitos concorrentes ou com concorrentes mais fortes são considerados menos atrativos. Cursos sem concorrentes (no segmento atendido) ou com concorrentes mais fracos são mais atrativos para a Iesp.

Dentro desse critério um curso de *design* de moda costuma ser mais atrativo do que um curso de administração.

> Atratividade do curso
> Ameaça da entrada de novos concorrentes
> Análise dos alunos
> Análise do corpo docente
> Análise dos concorrentes
> **Análise do tamanho do mercado**

É a discussão sobre o tamanho do mercado consumidor de determinado curso e a sua taxa anual de crescimento.

Cursos que têm mercados consumidores grandes (muitas pessoas interessadas) e que estão com demanda crescente são considerados mais atrativos. Cursos com pouca demanda são considerados menos atrativos. A Iesp precisa mapear o tamanho do mercado e a taxa de crescimento da demanda para cada curso.

Dentro desse critério um curso de administração costuma ser mais atrativo que um curso de *design* de moda.

> Atratividade do curso
> Ameaça da entrada de novos concorrentes
> Análise dos alunos
> Análise do corpo docente
> Análise dos concorrentes
> Análise do tamanho do mercado
> **Análise da legislação e regulamentação**

Análise da legislação, regulamentação e dos órgãos de controle que afetam cada curso oferecido. Quanto mais favorável a legislação/regulamentação/controle, mais atrativo será o curso. Quanto mais difícil (desfavorável) for a legislação/regulamentação/controle, menos atrativo será o curso para a Iesp.

Dentro desse critério um curso de ciências sociais costuma ser mais atrativo que um curso de medicina.

> Atratividade do curso
> Ameaça da entrada de novos concorrentes
> Análise dos alunos
> Análise do corpo docente
> Análise dos concorrentes
> Análise do tamanho do mercado
> Análise da legislação e regulamentação
> **Análise do faturamento**

Analisa o faturamento médio gerado pelo curso. Quanto maior o faturamento mais atrativo será o curso. Quanto menos dinheiro entrar, menos atrativo será o curso.

Dentro desse critério um curso de direito com 500 vagas anuais (preenchidas) é mais atrativo que um curso de economia com 50 vagas anuais.

Atratividade do curso
Ameaça da entrada de novos concorrentes
Análise dos alunos
Análise do corpo docente
Análise dos concorrentes
Análise do tamanho do mercado
Análise da legislação e regulamentação
Análise do faturamento
Análise da inadimplência

É a análise da inadimplência média de cada curso. Quanto menor a inadimplência, mais atrativo será o curso. Quanto mais problemas com os pagamentos pelos alunos, menos atrativo ele será.

Atratividade do curso
Ameaça da entrada de novos concorrentes
Análise dos alunos
Análise do corpo docente
Análise dos concorrentes
Análise do tamanho do mercado
Análise da legislação e regulamentação
Análise do faturamento
Análise da inadimplência
Análise da lucratividade

É o cálculo da lucratividade (margem de contribuição) de cada curso. Quanto maior a lucratividade bruta (em porcentagem e em valor) mais atrativo será o curso. Quanto menor a margem de contribuição, menos atrativo será.

Dentro desse critério um curso de pós-graduação *lato sensu* costuma ser mais atrativo do que um curso de pós-graduação *stricto sensu*.

Atratividade do curso
Ameaça da entrada de novos concorrentes
Análise dos alunos
Análise do corpo docente
Análise dos concorrentes
Análise do tamanho do mercado
Análise da legislação e regulamentação
Análise do faturamento
Análise da inadimplência
Análise da lucratividade
Análise do valor para a comunidade

Avalia o valor (vantagens) que o curso traz para a comunidade em que a Iesp está inserida. Quanto mais valor para a comunidade, mais atrativo será o curso. Quanto menos inserção de valor na comunidade, menos atrativo será.

Dentro desse critério um curso de medicina é mais atrativo que um curso de economia.

Atratividade do curso
Ameaça da entrada de novos concorrentes
Análise dos alunos
Análise do corpo docente
Análise dos concorrentes
Análise do tamanho do mercado
Análise da legislação e regulamentação
Análise do faturamento
Análise da inadimplência
Análise da lucratividade
Análise do valor para a comunidade
Avaliação das agências reguladoras

Considerar as notas (conceitos) das avaliações aferidas pelas agências reguladoras do MEC.
Quanto maior a nota dada pelo MEC, mais atrativo é o curso. Quanto pior a avaliação do MEC, menos atrativo é o curso. Para o planejamento de um curso novo é muito importante considerar a probabilidade de aprovação e reconhecimento pelo MEC.

Segundo passo: ponderar (dar peso) a cada critério. Acontece que para a análise da atratividade, mesmo que todos os critérios levantados sejam relevantes, alguns têm maior importância do que outros. A questão é: para julgar a atratividade de um curso, quais parâmetros (critérios) são mais relevantes (importam mais)?

Atribuir pesos (importância) a cada um dos critérios de atratividade (da mesma forma que foi feito nos FCS-M). Sugere-se (para começar) uma escala simples: peso 3 = item muito importante; peso 2 = item importante; peso 1 = item desejável.

Atratividade do curso	Pesos
Ameaça da entrada de novos concorrentes	2
Análise dos alunos	2
Análise do corpo docente	2
Análise dos concorrentes	3
Análise do tamanho do mercado	3
Análise da legislação e regulamentação	2
Análise do faturamento	3
Análise da inadimplência	1
Análise da lucratividade	3
Análise do valor para a comunidade	1
Avaliação das agências reguladoras do MEC	1

Terceiro passo: atribuir nota para o curso em análise considerando a *condição atual* de cada um dos itens. A soma dessas notas dará o "valor" da atratividade desse curso. Recomenda-se a seguinte escala (para começar): nota 5 = desempenho excelente; nota 4 = desempenho muito bom; nota 3 = desempenho bom; nota 2 = desempenho razoável; nota 1= desempenho ruim.

Para itens quantitativos (como tamanho do mercado), pode-se criar uma escala prévia dando a cada nota um valor fixo correspondente. Nos itens qualitativos a análise é mais difícil (mais subjetiva), mesmo assim a aferição de nota obriga o avaliador a pensar sistematicamente sobre o assunto, criando assim uma visão estratégica.

Atratividade do curso	Pesos	Avaliação	Valor
Ameaça da entrada de novos concorrentes	2	4	8
Análise dos alunos	2	3	6
Análise do corpo docente	2	3	6
Análise dos concorrentes	3	5	15
Análise do tamanho do mercado	3	2	6
Análise da legislação e regulamentação	2	3	6
Análise do faturamento	3	4	12
Análise da inadimplência	1	2	2
Análise da lucratividade	3	3	9
Análise do valor para a comunidade	1	4	4
Avaliação das agências reguladoras do MEC	1	4	4
Soma			78

Muito importante notar que quanto maior a nota, mais atrativo é o item. Assim, uma nota alta (4 ou 5) no item "ameaça da entrada de novos concorrentes" indica que não há grandes ameaças de entradas. A mesma nota alta (4 ou 5) em "inadimplência" indica que a mesma é baixa. Já uma nota baixa (1 ou 2) na "análise dos alunos" indica que o comportamento deles é desfavorável (não-atrativo). Uma nota 5 em "análise dos concorrentes" indica que não existem concorrentes (item muito atrativo). A regra é: quanto maior a nota, mais atrativo é o item analisado.

Quarto passo: proceder a uma análise dos resultados. Pode-se:

- comparar o resultado final do curso no ano "Y" com os anos anteriores, para ver se a atratividade melhorou ou piorou;
- comparar o resultado final do curso "X" com o resultado final do curso "Z" e saber qual é mais atrativo para a Iesp;
- fazer uma análise horizontal e comparar o desempenho de cada item, período a período;
- planejar ações de melhoria para algum item.

Matriz de atratividade do curso de administração da Uniplanex

Após extensa análise e discussão, o comitê de planejamento tático determinou que o quadro matriz de atratividade seria:

Atratividade do curso	Pesos	Avaliação	Valor
Ameaça da entrada de novos concorrentes	2	2	4
Análise dos alunos	2	3	6
Análise do corpo docente	2	3	6
Análise dos concorrentes	3	2	6
Análise do tamanho do mercado	3	4	12
Análise da legislação e regulamentação	2	4	8
Análise do faturamento	3	4	12
Análise da inadimplência	1	3	3
Análise da lucratividade	3	4	12
Análise do valor para a comunidade	1	2	2
Avaliação das agências reguladoras do MEC	1	4	4
Soma			75

Apenas para comparação com relação à atratividade, a seguir a matriz de atratividade do curso de odontologia da Uniplanex.

Atratividade do curso	Pesos	Avaliação	Valor
Ameaça da entrada de novos concorrentes	2	4	8
Análise dos alunos	2	2	4
Análise do corpo docente	2	4	8
Análise dos concorrentes	3	3	9
Análise do tamanho do mercado	3	3	9
Análise da legislação e regulamentação	2	2	4
Análise do faturamento	3	3	9
Análise da inadimplência	1	3	3
Análise da lucratividade	3	2	6
Análise do valor para a comunidade	1	5	5
Avaliação das agências reguladoras do MEC	1	3	3
Soma			68

Continua

> Sob o prisma da análise da atratividade, podemos concluir que o curso de administração da Uniplanex é mais atrativo (mais interessante para a mantenedora) que o curso de odontologia.

Objetivos, iniciativas, indicadores e metas táticas

Depois de realizada a análise da competitividade (com a análise Swot, a descrição das vantagens competitivas de mercado, a descrição dos fatores críticos de sucesso para o mercado) e da análise da atratividade (com a matriz de atratividade); e *considerando cada uma das iniciativas corporativas da Iesp*, pode-se delinear o planejamento tático.

Seguindo o mesmo procedimento do planejamento corporativo (porém dessa vez no nível tático — do curso), o planejamento tático será composto pela definição dos objetivos, iniciativas, indicadores de desempenho e metas.

Objetivos	
Iniciativas (estratégias)	

Indicador	
Cálculo do indicador	
Meta — ano 1	
Meta — ano 2	
Meta — ano 3	
Meta — ano 4	
Meta — ano 5	

Há a necessidade de que os planos táticos considerem as análises de competitividade e atratividade e as iniciativas corporativas definidas anteriormente pela Iesp. O planejamento tático deve visar o desenvolvimento do curso debaixo das diretrizes da Iesp.

Objetivos e iniciativas do curso de administração da Uniplanex

Após extensa análise e discussão, o comitê de planejamento tático determinou que os objetivos e iniciativas da Escola de Administração seriam (entre outros):

Objetivo	**Melhora no posicionamento mercadológico da "marca"**
Iniciativas (estratégias)	Criar um logo e uma programação visual para a escola
	Criar o conceito de *"business school"*
	Investir na divulgação da "marca" da Escola de Administração

Objetivo	**Estreitamento do relacionamento com os alunos**
Iniciativas (estratégias)	Criar banco de dados
	Monitorar os egressos
	Criar sistemática de avaliação da qualidade do ensino
	Investir na valorização da marca diante dos alunos (fazer com que os alunos "usem" a marca da escola)

Objetivo	**Aumento de receitas**
Iniciativas (estratégias)	Criar cursos de extensão
	Criar pós *lato sensu*
	Criar ofertas de cursos *in company*
	Criação de *call center* para vender o curso
	Visitar instituições de ensino e cursinhos pré-vestibulares

Objetivo	**Diminuição dos custos**
Iniciativas (estratégias)	Reduzir desperdícios
	Otimizar uso de sala de aula e de equipamentos

Objetivo	**Aumento na qualificação do corpo docente**
Iniciativas (estratégias)	Fazer treinamentos "pedagógicos"
	Incentivar publicações
	Incentivar titulação

Continua

Objetivo	Agregação de mais valor ao curso
Iniciativas (estratégias)	Criar sistema modular Fazer parcerias com empresa de colocação profissional Desenvolver a atuação da empresa júnior Aumentar as visitas técnicas externas Mudar a cultura dos alunos (com relação a horários e procedimentos)

Objetivo	Fechamento de parcerias
Iniciativas (estratégias)	Fazer parcerias com empresas da região Fazer parcerias com IES de outros países para intercâmbio

Ainda dentro do planejamento tático, o comitê desenvolveu os seguintes indicadores e metas (entre outros):

Indicador	Posição na escolha
Cálculo do indicador	Posição na escolha de cursos de administração na região de Campinas em pesquisas realizadas junto a cursinhos pré-vestibulares e instituições de ensino particulares
Meta ano 1	
Meta ano 2	
Meta ano 3	
Meta ano 4	
Meta ano 5	

Indicador	Índice de qualidade do curso na opinião dos alunos
Cálculo do indicador	Índice numérico que revela a qualidade do ensino, obtido junto aos alunos por meio de monitoramento constante
Meta ano 1	
Meta ano 2	
Meta ano 3	
Meta ano 4	
Meta ano 5	

Continua

Indicador	Faturamento mensal
Cálculo do indicador	Valor do faturamento
Meta ano 1	
Meta ano 2	
Meta ano 3	
Meta ano 4	
Meta ano 5	

Indicador	Custos totais da escola
Cálculo do indicador	Valor dos custos mensais atribuídos ao centro de custos da Escola de Administração
Meta ano 1	
Meta ano 2	
Meta ano 3	
Meta ano 4	
Meta ano 5	

Indicador	Faturamento de cursos de extensão e *in company*
Cálculo do indicador	Valor do faturamento proveniente de cursos de extensão e cursos *in company*
Meta ano 1	
Meta ano 2	
Meta ano 3	
Meta ano 4	
Meta ano 5	

Indicador	Visitas externas para divulgação
Cálculo do indicador	Total de visitas externas em instituições de ensino, empresas e cursinhos para divulgação do curso
Meta ano 1	
Meta ano 2	
Meta ano 3	
Meta ano 4	
Meta ano 5	

Continua

Indicador	Índice de ociosidade do espaço físico
Cálculo do indicador	Tempo efetivamente utilizado/tempo disponível para utilização
Meta ano 1	
Meta ano 2	
Meta ano 3	
Meta ano 4	
Meta ano 5	

Indicador	Quantidade de cursos de extensão oferecidos por semestre
Cálculo do indicador	Total dos cursos de extensão oferecidos por semestre
Meta ano 1	
Meta ano 2	
Meta ano 3	
Meta ano 4	
Meta ano 5	

Indicador	Quantidade de projetos realizados pela empresa júnior no semestre
Cálculo do indicador	Total dos trabalhos realizados ou em andamento no semestre
Meta ano 1	
Meta ano 2	
Meta ano 3	
Meta ano 4	
Meta ano 5	

Indicador	Faturamento mensal por aluno
Cálculo do indicador	Valor do faturamento total da escola / número total de alunos
Meta ano 1	
Meta ano 2	
Meta ano 3	
Meta ano 4	
Meta ano 5	

Continua

Indicador	Margem líquida do curso
Cálculo do indicador	Lucro líquido/receitas totais
Meta ano 1	
Meta ano 2	
Meta ano 3	
Meta ano 4	
Meta ano 5	

Indicador	Índice de ocupação do curso
Cálculo do indicador	Total de alunos matriculados/total de vagas existentes
Meta ano 1	
Meta ano 2	
Meta ano 3	
Meta ano 4	
Meta ano 5	

Indicador	Índice dos docentes com titulação
Cálculo do indicador	Titulação de mestre e doutor/total dos docentes
Meta ano 1	
Meta ano 2	
Meta ano 3	
Meta ano 4	
Meta ano 5	

Indicador	Indicador de dedicação
Cálculo do indicador	Número de docentes com 12 horas ou mais de dedicação à escola
Meta ano 1	
Meta ano 2	
Meta ano 3	
Meta ano 4	
Meta ano 5	

Continua

Indicador	Índice de evasão anual
Cálculo do indicador	Total de alunos desistentes/total de alunos matriculados
Meta ano 1	
Meta ano 2	
Meta ano 3	
Meta ano 4	
Meta ano 5	

Indicador	Índice de aluno por docente
Cálculo do indicador	Total de alunos matriculados/quantidade total de docentes
Meta ano 1	
Meta ano 2	
Meta ano 3	
Meta ano 4	
Meta ano 5	

Indicador	Taxa de inadimplência mensal
Cálculo do indicador	Valor das inadimplências/faturamento previsto
Meta ano 1	
Meta ano 2	
Meta ano 3	
Meta ano 4	
Meta ano 5	

Indicador	Custo por aluno
Cálculo do indicador	Custo total mensal da escola/quantidade de alunos
Meta ano 1	
Meta ano 2	
Meta ano 3	
Meta ano 4	
Meta ano 5	

Continua

O Modelo de Planejamento Estratégico

Indicador	Egressos com emprego fixo
Cálculo do indicador	Quantidade de egressos com emprego fixo nos dois primeiros anos de formados/quantidade total de egressos
Meta ano 1	
Meta ano 2	
Meta ano 3	
Meta ano 4	
Meta ano 5	

Planos operacionais

Até agora tudo foi planejado, mas nada foi efetivamente realizado. Chegou a hora de realizar o plano para a ação e a conseqüente ação. O plano operacional é o plano de ação.

Para o plano de ação (plano operacional) sugere-se o uso da ferramenta chamada de 5W2H. São cinco palavras que começam (em inglês) com "w" e duas palavras que começam com "h", e compõem as partes de um plano de ação.

Quadro 7

What	O que será feito?	Descrição da iniciativa
Who	Quem fará o quê?	Descrição do nome do responsável pela ação
When	Quando será feito o quê?	Descrição do cronograma
Where	Onde será feito o quê?	Descrição do local da realização
Why	Por que será feito o quê?	Descrição da justificativa para a ação
How	Como será feito o quê	Descrição do modo de realização da ação
How much	Quando custará o quê?	Descrição do orçamento da ação

Existem dois tipos de planos de ação. Há planos de ação que são pontuais, realizados uma única vez para alcançar objetivos específicos.

Porém, existem planos de ação que descrevem atos que serão praticados rotineiramente. Quando um plano de ação descreve uma rotina contínua de trabalho (uma ação que sempre existirá), pode-se criar indicadores e metas de desempenho para a rotina.

Quadro 8

What	O que será feito?	Descrição da iniciativa
Who	Quem fará o quê?	Descrição do nome do responsável pela ação
When	Quando será feito o quê?	Descrição do cronograma
Where	Onde será feito o quê?	Descrição do local da realização
Why	Por que será feito o quê?	Descrição da justificativa para a ação
How	Como será feito o quê	Descrição do modo de realização da ação
How much	Quando custará o quê?	Descrição do orçamento da ação
Indicador de desempenho		
Meta		

Cada unidade da Iesp (seja escola ou setor de apoio) terá vários planos de ação (planos operacionais) que obviamente devem refletir as perspectivas do seu plano tático.

Planos operacionais do curso de administração da Uniplanex

Como conseqüência do plano tático e para torná-lo operante (efetivo), houve a descrição de vários planos de ação (5W2H). A seguir, alguns para exemplificar.

What	Visitar cursinhos, instituições de ensino e empresas
Who	Prof. Santos
When	Todas as segundas-feiras pela manhã
Where	Nos cursinhos, instituições de ensino particulares e empresas
Why	Para divulgar os cursos da Escola de Administração
How	Apresentar slides, entregar folders, explicar os diferenciais etc.
How much	R$ 80,00 por visita
Indicador de desempenho	**Quantidade de visitas por semana**
Meta	**Uma visita por semana**

Continua

What	Palestra de conscientização dos alunos
Who	Coordenador do curso
When	Uma vez em cada semestre para cada turma
Where	Na sala de aula
Why	Para conscientizar os alunos sobre a necessidade de cumprir os horários, sobre o padrão de comportamento adequado etc.
How	Palestra com audiovisual e discussão
How much	Nada
Indicador de desempenho	**Encontros por semestre por turma**
Meta	**Um encontro por semestre com cada turma**

What	Desenvolver um logo e uma programação visual para o curso de administração
Who	Sr. Arruda (do setor de marketing)
When	Até dezembro
Where	No setor de marketing da Iesp
Why	Para ajudar na criação de uma cultura de marca de valor do curso de administração
How	Procedimento de criação publicitária
How much	Nada

CAPÍTULO 5

Os desafios

Há alguns desafios que, se não forem considerados e suplantados, podem causar danos ao planejamento estratégico e à própria Iesp, principalmente quando se pensa na fase da execução (implementação).

Um dos momentos críticos de todo o processo de PE é a fase de implementação (execução). Se tudo for bem planejado, mas não corretamente executado, de nada valerá todo o esforço.

O desafio maior é que o planejamento norteie a atuação prática da Iesp, em vez de ser apenas uma bonita peça encadernada em veludo azul, bem posicionada na estante do reitor.

Desafio da participação efetiva dos mantenedores

Para que o planejamento dê certo e seja realmente implantado é necessário que os donos da Iesp participem efetivamente do processo. Quando se tenta fazer e implantar um planejamento estratégico sem a participação e o envolvimento dos reais responsáveis (donos) das Iesps, o planejamento tende a ficar enfraquecido e pode sofrer boicotes e intervenções posteriores por parte desses "mantenedores".

Sobre a necessidade da participação da alta direção, adverte Costa (2003:260) que "é claro que, sem um compromisso firme da alta direção, é melhor nem começar, pois o fracasso, nesse caso, é praticamente certo".

Desafio do comprometimento dos funcionários e docentes

Para que o PE seja implantado é absolutamente necessário que haja comprometimento dos funcionários e docentes com o mesmo. Na prática, quem vai executar os planos são os funcionários e docentes. Se eles não estiverem dispostos a trabalhar pelo sucesso do plano, certamente haverá fracasso.

Uma das questões mais centrais para conseguir o comprometimento dos funcionários e docentes é envolvê-los durante os processos de discussão e concepção do planejamento. Quanto mais eles participarem das discussões anteriores, maior será a chance de se envolverem efetivamente com o cumprimento das metas.

Outro fator muito relevante é a credibilidade dos gestores e dos mantenedores. Quando os gestores e mantenedores têm credibilidade junto aos funcionários e docentes é muito mais fácil haver o comprometimento.

Desafio da comunicação

Uma das condições necessárias para o sucesso do PE é a qualidade das comunicações antes, durante e depois dos trabalhos de planejamento. É preciso manter um fluxo contínuo de comunicação entre as pessoas envolvidas e os *stakeholders*. Se as informações não fluírem correta e constantemente há o risco de o planejamento "esfriar" e de as pessoas se esquecerem das metas e dos indicadores. É preciso manter sempre "acesa" a chama do PE, pelo uso correto das ferramentas de comunicação e do endomarketing (marketing usado para os funcionários). Também é necessário que haja a publicação (em quadros) dos resultados dos indicadores e das metas. Quanto mais "visual" for o PE, mais chance de sucesso ele terá. Quanto mais secretos forem os indicadores e as metas, mais difícil o comprometimento e o sucesso. A qualidade na comunicação é a espinha dorsal da execução do PE.

Desafio da flexibilidade

Uma Iesp faz um PE em meio a um determinado cenário externo previsto. Porém, é possível que haja mudanças nas condições ambientais.

Há mudanças ambientais que podem comprometer as metas programadas. Quando novas mudanças ambientais comprometem as metas, o PE precisa se mostrar flexível.

Ser flexível é ser capaz de mudar os objetivos e as metas previstas quando as variáveis externas indicam um novo tipo de cenário (não previsto anteriormente).

Quando há mudanças ambientais relevantes e os gestores não mudam os rumos da Iesp, pode haver grave comprometimento nos planos previstos. Por isso é preciso que haja monitoramento constante das variáveis ambientais e mudança rápida quando for necessário.

Se o "novo" cenário do presente indicar o comprometimento dos objetivos e metas projetados para o futuro, será necessário que esses objetivos e metas sejam refeitos (com base na "nova" realidade).

Desafio do controle

Um planejamento não pode prescindir de controle. É necessário que haja monitoramento dos resultados. Isto é, é preciso comparar as metas planejadas com os resultados efetivamente realizados e tomar ações corretivas o quanto antes, quando necessário.

Quanto mais demorada for essa verificação (comparação entre o planejado e o realizado), maior o risco de dano à Iesp.

Uma das melhores formas de monitoramento é em tempo real, realizado pelo acompanhamento contínuo dos resultados dos indicadores de desempenho. Com os resultados obtidos nos indicadores de desempenho é possível acompanhar o desempenho da Iesp e compará-lo com as metas previstas (para cada indicador).

Uma das formas mais elaboradas de gestão e monitoramento estratégico é o Balanced Scorecard. Segundo Niven (2005:5):

> O Balanced Scorecard surgiu como ferramenta comprovada e eficaz em nossa busca para capturar, descrever e traduzir recursos intangíveis em real valor (...) Desenvolvida por Robert Kaplan e David Norton, essa metodologia aparentemente simples traduz a estratégia da organização em objetivos de desempenho, medidas, metas e iniciativas sob quatro perspectivas equilibradas: finanças, cliente, processos internos e aprendizagem. Embora diversas empresas tenham usado no passado uma combinação das medidas financeiras e não-financeiras, o que faz com que o Balanced Scorecard se sobressaia é o conceito de vinculação entre causa e efeito.

Ainda sobre o assunto, destaca Muller (2001:85):

> O Balanced Scorecard é, para os dirigentes de instituições de ensino superior (IES), uma ferramenta completa que propicia a tradução da visão e da estratégia (declarações de missão para transmitir valores e crenças) da IES num

conjunto coerente de medidas de desempenho, que subsidiam a sua operacionalização. Trata-se de um instrumento auxiliar de gestão que induz à união entre a macro e a microgestão, desde a estratégia organizacional até as suas ações operacionais.

O modelo apresentado neste livro é uma ótima base para num segundo momento poder haver a implantação de um Balanced Scorecard na Iesp.

Desafio da visão financeira gananciosa

Nos últimos anos muitos empresários de outros setores passaram a investir no setor educacional de ensino superior em busca de lucratividade.

Com relação ao aumento na oferta de vagas isso é uma boa notícia, mas infelizmente, muitas dessas Iesps (montadas apenas para "dar dinheiro") têm um ensino péssimo. São instituições montadas sob a ótica do resultado financeiro à custa do sucateamento do corpo docente e da qualidade ruim dos currículos. Quem ganha é o investidor (quando ganha!), quem perde é a sociedade.

Este livro propõe um modelo de planejamento estratégico que visa realmente o aumento da competitividade das Iesps brasileiras e também o aumento nos lucros (já que são empresas!). Porém, em nenhum momento este livro e o modelo apresentado se prestam ao desserviço de ser metodologia de ganho ganancioso e irresponsável em detrimento do corpo docente, dos funcionários e da sociedade (que "ganha profissionais" mal preparados).

Nesses últimos anos, causa grande preocupação o movimento de algumas Iesps rumo ao *"dinheirismo* descarado" (ganho financeiro à custa de qualquer coisa). Salvo exceção, essa ganância de lucro abundante "custe o que custar" aparece em:

- demissão de professores titulados para redução de custos;
- aprovação de alunos sem condições para manutenção do número de alunos;
- abertura de pós-graduações sem qualidade apenas para "vender certificado";
- sucateamento da infra-estrutura pela redução de investimentos;
- relação política promíscua com pessoas do MEC para aprovação de cursos sem qualidade;

- contratação de qualquer tipo de professor baseada somente no custo;
- apelo mercadológico forjado e mentiroso (enganando o consumidor).

É possível ter custos baixos (devido à estratégia de preços), é possível almejar lucros, é possível que uma Iesp seja um bom negócio, mas tudo isso com responsabilidade social diante de um país carente de educação de qualidade e diante de pessoas carentes de real empregabilidade (e não de diploma).

Com essa importante ressalva e diante da enorme necessidade de qualificação na gestão educacional das Iesps brasileiras é que este livro surge.

Bibliografia

ALLISON, M.; KAYE, J. *Strategic planning for nonprofit organizations*: a practical guide and workbook. New York: John Wiley, 1997.

BARBOSA, E. F. et al. *Implantação da qualidade total na educação.* Belo Horizonte: UFMG Fundação Christiano Ottoni, 1995.

BRAGA, R. et al. *Análise setorial do ensino superior privado no Brasil*: tendências e perspectivas 2005-2010. São Paulo: Hoper, 2005.

_____. *Análise setorial do ensino superior privado no Brasil*: tendências e perspectivas 2006-2010. São Paulo: Hoper, 2006.

_____; MONTEIRO, C. *Planejamento estratégico sistêmico para instituições de ensino.* São Paulo: Hoper, 2005.

COSTA, E. A. *Gestão estratégica.* 2. ed. São Paulo: Saraiva, 2003.

DOLENCE, M. G.; ROWLEY, D. J.; LUJAN, H. D. *Working toward strategic change*: a step-by-step guide to the planning process. San Francisco: Jossey-Bass, 1997.

ESTRADA, R. J. S. *Os rumos do planejamento estratégico na universidade pública.* 2000. Tese (Doutorado) — Programa de Pós-graduação em Engenharia de Produção. Universidade de Santa Catarina.

FERNANDES, B. H. R.; BERTON, L. H. *Administração estratégica*: da competência empreendedora à avaliação de desempenho. São Paulo: Saraiva, 2005.

FLEURY, A.; FLEURY, M. T. L. *Estratégias empresariais e formação de competências.* São Paulo: Atlas, 2000.

HUNT, C. M. et al. *Strategic planning for private higher education*. New York, London: The Haworth Press, 1997.

INEP/MEC. *Censo da Educação Superior 2005*. Brasília: Ministério da Educação, 2006.

KAUFMAN, R.; HERMAN, J.; WATTERS, K. *Educational planning* — strategic, tactical and operational. Pennsylvania: Technomic Publishing Company Inc., 1996.

KNIGHT, Jim. *Strategic planning for school managers*. London: Kogan Page, 1997.

KOTLER, P.; FOX, K. F. A. *Marketing estratégico para instituições educacionais*. São Paulo: Atlas, 1998.

MEYER JR., V.; MANGOLIM, L.; SERMANN, L. *Planejamento e gestão estratégica*: viabilidade na IES. In: CONGRESSO NACIONAL DA ÁREA DE EDUCAÇÃO, 4. *Anais*... Curitiba, 2004.

MIGLIORE, R. H. et al. *Strategic Planning for Not-For-Profit Organizations*. London: The Haworth Press, 1995.

MULLER, J. R. *Desenvolvimento de modelo de gestão aplicado à universidade, tendo por base o Balanced Scorecard*. 2001. Dissertação (Mestrado) — Programa de Pós-graduação em Engenharia de Produção, Universidade de Santa Catarina.

NIVEN, P. R. *Balanced Scorecard*: passo a passo. Rio de Janeiro: Qualitymark, 2005.

NUTT, P. C.; BACKOFF, R. W. Strategy for public and third-sector organizations. *J. Public Adm Res Theory*, n. 5, p. 189-212, 1995.

PETERSON, M. et al. *Planning and management for a changing environment* — a handbook for redesigning postsecondary institutions. San Francisco: Jossey-Bass Publishers, 1997.

PORTO, C.; RÉGNIER, K. *O ensino superior no mundo e no Brasil* — condicionantes, tendências e cenários para o horizonte 2003-2025: uma abordagem exploratória. Brasília: Macroplan, 2003.

ROJO, C. A. *Modelo para simulação de cenários*: uma aplicação em instituição de ensino superior privada. 2005. Tese (Doutorado) — Programa de Pósgraduação em Engenharia de Produção, Universidade de Santa Catarina.

ROWLEY, D. J.; LUJAN, H. D.; DOLENCE, M. G. *Strategic change in colleges and universities*. San Francisco: Jossey-Bass, 1997.

SCHWARTZMAN, J.; SCHWARTZMAN, S. *O ensino superior privado como setor econômico*. Brasília: BNDES, 2002.

UNIVERSIDADE FEDERAL DE SANTA MARIA. *Planejamento Estratégico UFSM*: Referencial teórico. Santa Maria: Pró-reitoria de Planejamento, 1999.

Impresso na Rotaplan Gráfica e Editora LTDA
www.rotaplangrafica.com.br
Tel.: 21-2201-1444